100 chemins pour trouver la paix

ISBN 978-2-84024-445-5

Société des Œuvres Communautaires, octobre 2012
Photos de couverture et intérieur : © Rafa Irusta - Fotolia.com
Conception de la couverture et intérieur : Isabelle de Senilhes
Imprimé en Espagne par Novoprint

Yves Boulvin

100 chemins pour trouver la paix

EdB

Ouvrages du même auteur

Choisis la vie, avec Anne Villemin, EDB, 2001.

Renaître, EDB, 2004.

Rebondir après l'échec, Éd. Saint-Augustin, 2006.

La vie, combat ou cadeau ?, EDB, 2008.

Réussir sa vie affective, EDB, 2009.

J'ai choisi de vivre, Presses de la Renaissance, 2010.

100 chemins pour être plus heureux, EDB, 2011.

Je me sens en décalage… et je réussis ma vie, Presses de la Renaissance, 2011.

Des clés pour améliorer les relations parents-enfants, EDB, 2012.

Autres publications

Yves Boulvin a enregistré des émissions sur cassettes ou CD qui peuvent être demandées à Ecclésia +, 30 avenue Charles de Gaulle, 30130 Pont-Saint-Esprit , ou être téléchargées en podcast sur le site http://ecclesiaplus.com.

Des enseignements de l'auteur sont disponibles, entre autres : un coffret appelé « Pour une vie nouvelle » et dans un DVD, « Un trésor se cache dans tes blessures », que l'on peut commander à Maria Multimédia, Burtin, 41600 Nouan-Le-Fuzelier.

Avant-propos

Après avoir écrit « 100 chemins pour être plus heureux » et entendu les réactions positives de ceux qui l'ont mis en pratique, il m'est apparu qu'un deuxième petit livre pour trouver la paix en toute occasion serait un bon complément. Qu'y a-t-il de plus important que de se sentir bien, calme et serein ? Or c'est possible par un entraînement quotidien régulier et la prise de conscience que la paix ne dépend pas seulement des circonstances extérieures (passées, présentes ou à venir) mais d'un mouvement de ressourcement intérieur visant à rejoindre la paix des profondeurs et à y demeurer. Ces 100 chemins recouvrent des moyens physiques, psychologiques et spirituels qui par leur répétition permettent d'y arriver. Ils ont fait leurs preuves. Ils sont le fruit de l'accompagnement de dizaines de milliers de personnes qui ont ainsi traversé souffrances, difficultés, épreuves…

Ce petit ouvrage est à la portée de tous. C'est un compagnon de vie, un ami que l'on peut mettre dans son sac ou dans sa poche et qui, ouvert au hasard ou plus méthodiquement, nous parlera et nous guidera.

1

La paix est en moi

Ai-je bien réalisé qu'à tout moment, en toutes circonstances et quels que soient les événements, l'agitation extérieure, le fond de moi est dans une Paix totale, immuable : la Paix de Dieu.

Que ma journée selon moi se passe bien ou non, que je me réjouisse ou que je rouspète, que je me sente blessé ou me désole, au même moment **tout au fond de moi se trouve une sérénité totale, inentamée,**

inébranlable. J'ai à bien comprendre cela : je suis comme ces poupées russes qui s'emboîtent les unes dans les autres. Je ne suis pas (que) mon paraître, ma façade, l'image que je veux donner ou que l'on a de moi. Je suis aussi habité par cette personnalité compliquée, avec ses qualités et ses défauts, qui se trouve à l'intérieur (les poupées intermédiaires). Et je suis surtout - et souvent je l'ignore, cet enfant de Lumière radieux et en paix qui vit en profondeur (la petite poupée centrale). **Au-delà de mon psychisme**, de mes ruminations, de mes jeux de pouvoir (victime-persécuteur-sauveteur) provenant de mon hérédité, de mon enfance, de mes mal-vécus, **je suis enfant de Dieu, totalement aimé, parfaitement en paix.**

2

Mon roc : une paix profonde

Dans une salle de cinéma, l'écran est blanc au départ. Puis on projette un film (comique, dramatique, fantastique...) que je n'étais pas obligé de venir voir. À la fin de la séance, quoi qui ait été projeté sur lui, l'écran est toujours aussi blanc. Ainsi en est-il de ma vie. Vais-je continuer à noircir le tableau, à ne retenir que ce qui ne va pas, à me sentir continuellement victime, à chercher des coupables plutôt que des solutions, à alimenter des pensées négatives, à ressasser, à regretter le passé ? Ce qui est fait est fait ! **Je choisis le présent et de ne plus projeter de mauvais film sur l'écran blanc de ma paix intérieure**. Je commence aujourd'hui et je veux faire parler en moi l'enfant de Dieu et non plus seulement le produit de la société, de mon environnement, de mon éducation. Je fais le tri et **je demeure dans le ciel bleu de mon intériorité lumineuse**. C'est à partir de cet endroit que je prends mes décisions. Mon roc, mon fondement est une Paix totale, éternelle, inaltérable qui m'habite en profondeur. Je me le répète chaque jour pour le découvrir vraiment.

3

J'entre dans le silence de mon sanctuaire intérieur

Quand on habite en ville, que la journée est stressante, mouvementée, on est content de pouvoir disposer à l'heure du déjeuner ou le soir après la cohue, d'un moment de calme, de repos : dans un lieu de culte, un espace de détente, un parc ou simplement chez soi. On a trop parlé, trop répondu, trop écouté, trop entendu de bruits de toutes sortes et on aspire au silence, ce qu'on ne trouve pas toujours en revenant à son domicile ou son lieu de vie... On a besoin d'un « sas de décompression », de détente. Sans ces moments, on est sous pression, on risque de s'énerver, de se disputer. Alors **je choisis** plusieurs fois dans la journée **de faire le vide, le silence en moi, de m'immobiliser quelques instants**.

Je comprends que c'est vital pour pouvoir mieux repartir, et je découvre qu'**au fond de moi se trouve un endroit de silence total où il fait bon me régénérer : mon sanctuaire intérieur**. Le silence est d'or, le silence est la base. C'est le bruit qui recouvre le silence et non l'inverse. Dès que le bruit s'arrête, le silence est là que plus rien ne peut troubler.

4

J'apprends à faire le vide en moi

Le vide me fait peur. C'est pourquoi je me remplis : de paroles, d'informations, de bruits de couloir, de pensées de toutes sortes et aussi de nourritures, d'espoirs, de désillusions, de nouvelles attentes. N'en ai-je pas assez de me sentir ainsi encombré ? Et si j'apprenais à goûter le silence, à me vider de tout ce qui m'obsède ou me presse pour mieux me remplir de paix, de plénitude intérieure ? Comment m'y exercer à l'instant ?

Je regarde le mur qui est en face de moi, je ne me demande pas s'il est beau, s'il faudrait le réparer ou le recrépir. Je ne me dis rien. Alors **le vide mental m'ouvre sur une plénitude infinie...** J'en fais l'expérience. Je la répète avec d'autres supports et d'autres personnes.

Le vrai vide n'est pas angoissant. Il **est silence bienfaisant, vivifiant, réparateur**. Qu'il est beau le silence du matin, le silence du soir, le silence de la nuit quand tout s'endort. C'est le moment des retrouvailles intérieures. Je ne veux plus en avoir peur. Dieu m'habite et m'apprend à m'aimer comme Il m'aime pour que je n'aie plus peur d'aller tout au fond de moi... là où se trouve la vraie Paix, le vide du Silence plein d'Amour.

5

Je goûte l'intensité de l'instant présent

Je m'arrête. Je stoppe momentanément toute pensée. J'entre dans le silence, **la densité de l'instant présent que je ressens avec tout mon être**. Je ne compare pas. Je ne juge pas, ne mets aucun qualificatif. Simplement je m'ouvre à ce qui est en moi, autour de moi. Je m'approfondis. Je suis pleinement moi-même. Je n'ai aucun désir ni refus. **Simplement je suis**. Je découvre alors une intensité que je ne connaissais pas, un sentiment d'existence, d'absolu, d'éternité bienheureuse. Je reste dans cette sensation et je m'en remplis.

Je recommence régulièrement pour être **totalement là, présent à moi-même, présent à ma profondeur** : conscient, disponible et présent. Alors s'ouvre pour moi un autre univers, une nouvelle dimension et je découvre la paix, la paix du ciel. Cette paix je l'ai et l'aurai toujours avec moi et en moi. C'est le bien le plus précieux et j'y reviens sans cesse. Je m'y ancre. Je ne la quitte plus.

6

Je dis simplement « paix » et je la visualise

Je respire profondément, calmement, et je dis « paix ». Je le fais souvent dans la journée en inspirant et en expirant. **Je respire la paix** dans tous les sens du terme : « Shalom », « Shanti », « Salaam ». Je m'en imprègne fréquemment. Je prends conscience que **cette paix m'habite à l'intérieur,** qu'**elle s'y trouve de façon permanente**. La répétition creuse en moi un sillon et petit à petit, cela devient évident et automatique. En même temps, **je visualise un paysage paisible** : un lac de montagne, une mer tranquille, une prairie fleurie avec des agneaux, des brebis, un sous-bois calme et odorant. Je ressens en moi cette paix. Je m'y ressource. Je m'ouvre au murmure léger de la nature, aux petits oiseaux, aux écureuils. Je dis « paix » et je m'approfondis. (Si j'habite en ville, je cherche des endroits paisibles, des havres de paix, à des heures où il n'y a personne). Chaque jour je m'entraîne à retrouver cette paix profonde, quels que soient les événements. Si je m'énerve, si j'accélère le rythme, si je cours, si je m'éparpille, je dis « paix ». Si je m'inquiète, si je rumine, si je doute, je dis « paix ». Si je n'ai goût à rien, si je ne suis pas content de ma journée : « paix ». Si j'entends des informations qui m'inquiètent : « paix ».

7

Je me remémore les moments calmes, sereins de ma vie

Des moments calmes. **Des moments d'éternité**. **Des moments de bien-être.** Des moments de vacances. Des moments de retraite. **Des moments d'émerveillement**. Je les recherche dans ma mémoire et j'en prends conscience au quotidien pour qu'ils soient le soubassement de toutes mes actions, qu'ils soient en moi comme un fond d'écran permanent. Au milieu de la foule, de l'agitation, des pressions de toutes sortes, je prends du recul, je m'intériorise et **je revis la paix de tous ces moments bénis**. Je ne dis pas trop vite : « Il n'y en a pas ! ». Je les fais remonter peu à peu et je les ancre en moi pour ne jamais les oublier. Si j'aime la musique, je me remplis de musiques calmes, douces, profondes, harmonieuses, pour qu'elles me portent au long de la journée et chantent en moi à tout moment.

8

J'écoute des musiques douces, profondes

Je me pose et je prends une pause. J'écoute le silence et je m'en remplis. Si des bruits extérieurs ou intérieurs se font entendre, je les accueille avec douceur. Ils ne troublent pas mon silence intérieur. Quand je le peux, j'écoute en voiture, dans le métro ou le train, chez moi, des chants de louange invitant à l'adoration, **des musiques qui me parlent et m'apaisent**. Je choisis celles qui provoquent dans mon cœur, dans mon âme, une onction, une chaleur bienfaisante, une sorte de velouté, un baume, une huile parfumée. Je les laisse prendre toute la place en moi et je me ressource dans la paix. Je les écoute chaque fois que j'en ai le désir ou le besoin. **Je les laisse ensuite remonter, m'imprégner et constituer comme une toile de fond de tout ce que je vis et réalise**.

9

Je contemple des visages pacifiés

Un bébé qui dort. Un adulte qui se repose tranquillement, dont la respiration est calme. Une personne âgée qui a trouvé la sérénité. Le visage de personnes qui méditent, qui adorent le Saint-Sacrement. Je revois en moi tous ces visages. Ils m'entraînent à l'intérieur de moi, détendent les traits de mon propre visage qui se décontracte et se lâche. Je revois le visage paisible et rayonnant de ce laveur de carreaux, de ce guide de montagne, de ce fonctionnaire, qui font leur travail consciencieusement. **Je fais mémoire de tout ce qui dans ma vie, sans exception, a contribué à me faire entrer dans la paix ou m'a montré l'émergence d'une douceur infinie, venue du plus profond**. Je me souviens des moments de paix qui ont suivi les tourments de ma vie, de la paix ressentie quand j'ai accompli, lâché prise, quand je me suis contenté de ce qui était et de ce que j'avais. Je goûte la paix qui contraste avec les moments de guerre, de violence, **la paix qui vient lorsque tout s'arrête** et je m'y repose chaque jour.

10

Je me détends

Se détendre : le contraire de se tendre, de tout le temps attendre, de prétendre. Je me rends compte que je suis trop dans ma tête, que mon corps est tendu, crispé, encombré, que je ne sens pas ou plus mon cœur. Il est grand temps que j'apprenne à me détendre, me relaxer, me relâcher, que je revienne à mon corps, mes sensations et à mon cœur. **Sentir au lieu de penser**. Prendre un bain, une douche, faire quelques exercices physiques, me faire masser, veiller à ma posture physique, détendre un à un chacun de mes muscles. **Aimer et m'occuper mieux de ce serviteur fidèle qu'est mon corps** et que je néglige trop souvent. En faire mon meilleur ami, le bénir, le remercier, lui faire du bien. Tout en relâchant mes muscles, je dis : « dé-con-trac-té ». Je visionne différentes parties de mon corps et je les relâche. Là où je suis tendu, j'applique une source de chaleur ou au contraire de rafraîchissement. Je masse moi-même mes membres endoloris avec un baume ou une huile adaptée et surtout j'arrête de penser ! Mon objectif : être détendu, calme et serein.

11

Je respire profondément

Pour me rebrancher avec mon corps, je respire profondément, non seulement avec le haut de la poitrine comme on le fait trop souvent lorsqu'on cérébralise ou qu'en ville on se protège de la pollution, mais avec mon ventre. J'inspire l'air, je le fais descendre, je gonfle mon ventre, je dilate ma poitrine. Puis je les dégonfle et je fais remonter l'air pour l'expirer par le nez ou la bouche. Mouvement ample, conscient, pour bien m'oxygéner. Un des dons de l'Esprit est la Paix, ce dernier est comme un Souffle. **J'inspire donc la Paix de l'Esprit Saint en chacune de mes respirations**. Je m'en remplis et je laisse ce Souffle irriguer toutes mes cellules, chaque partie de mon corps, du haut jusqu'en bas et du bas jusqu'en haut. Par la respiration je réunis le ciel et la terre, le haut et le bas. Et **à chaque respiration, je m'ancre davantage dans la Paix**.

12

J'habite mon corps

Si je veux descendre de ma tête dans mon cœur et de mon cœur dans mon cœur profond, si je veux me débrancher de mes soucis pour entrer dans la paix du cœur, **il faut que je reprenne conscience de mes cinq sens**. Je vais mieux regarder et contempler. Mieux écouter et entendre ce qui est agréable, léger, musical. Je vais mieux respirer et sentir de bonnes odeurs (dans la nature, et aussi des odeurs venues du ciel). Je vais goûter, savourer ce que je mange, sans comparer, sans juger ; goûter un fruit, un légume dans ce qu'il a de plus naturel (« *Goûtez et voyez comme le Seigneur est bon* » Ps 34, 9). Je vais ressentir dans tout mon corps la chaleur d'une présence, d'un acte délicat. Je vais sentir ma poitrine se dilater d'amour devant un petit enfant, une personne généreuse, quelqu'un de droit et d'honnête, le spectacle de la nature. Non seulement je vais mieux utiliser mes sensations, mais en plus je vais prendre conscience et décrire ce que je vis à ce niveau **pour m'en réjouir et remercier Dieu**.

13

Je me ressource dans la nature

Si je veux retrouver la paix, j'évite de m'intoxiquer avec des pensées parasites ou des aliments trop copieux. Je m'allège. Je sors. Je vais dans un endroit de nature qui me fait du bien. **Je me laisse nourrir par les arbres, les fleurs, l'herbe verte**. Ce que je n'ai pas rempli intérieurement par un trop plein de pensées, d'aliments de toutes sortes, va pouvoir se remplir autrement. Lorsque je vais dans la nature repu physiquement, plein de moi, de mes soucis, de mes craintes et revendications, je ne ressentirai rien. Alors je me vide. Je fais silence en moi pour laisser la nature venir remplacer les aliments que je n'aurai pas pris, remplir la place laissée par le vide de mes pensées. Quelle extraordinaire expérience ! Une autre forme de nourriture. **Ne plus se laisser « manger » mais simplement être nourri, vivifié, oxygéné**. « *Ce serait insensé de prendre son corps en aversion. Chacun le nourrit de son mieux et l'entoure de soins…* ». (Cf. Ep 5, 29)

14

Je sais où et comment me revitaliser

J'apprends à prévoir : « Mieux vaut prévenir que guérir ». Je sais que j'ai besoin de m'oxygéner, de m'aérer, de trouver des endroits de silence, de recueillement, de méditation. Alors je les cherche et je les mets en place dans ma vie, je les organise dans ma journée : une clairière, une chapelle, un arbre que j'aime, un lac où je me détends. J'y vais. J'y retourne. Je m'y « pause ». J'en fais une priorité au lieu de tout faire passer avant. C'est plus urgent et important que je ne crois. Si je veux la paix, alors je m'y emploie. Je sais ce qui me fait du bien, le type d'environnement qui me ressource. Un dentiste qui travaillait trop eut une attaque cardiaque. Il comprit alors la nécessité de faire un « break » chaque jour dans une oasis de nature pour y méditer. Un cadre supérieur se dépêchait le soir de revenir chez lui où l'attendait de pied ferme son épouse. Il prit l'habitude, après des ennuis de santé, de s'arrêter chaque jour vingt minutes près d'un saule et d'une pièce d'eau... **En allant dans le même lieu régulièrement, je creuse un sillon, j'approfondis ce qu'il m'apporte**. Dès que j'y pense ou que j'y retourne, immédiatement, j'en ressens les bienfaits. **Se revitaliser est une décision, une nécessité pour pouvoir mieux donner et se donner**.

15

Je fais des pauses

Une journée bien remplie demande de faire de nombreuses petites pauses. Savoir se « pauser » est tout un art. Le paradoxe, c'est qu'aujourd'hui dans les entreprises, ce sont ceux qui fument ou boivent du café à la machine qui font le plus de pauses régulières car leurs habitudes les obligent à sortir de leur bureau ou atelier. D'autres font des pauses en allant discuter avec leurs collègues ou en téléphonant à leurs proches. Mais si je n'ai aucune de ces tendances, quelles seront pour moi les occasions d'arrêts périodiques ? **Il me faut donc les décider, les organiser**, me donner des objectifs pour me poser : une prière, un petit repos (les décideurs font des siestes minute), un changement d'activité, un coup de téléphone, un peu de musique, de télévision ou de radio, une aération dans tous les sens du terme. Si je reste à la maison, **c'est une vraie discipline à mettre en place**. Combien de temps à la suite puis-je m'activer physiquement, intellectuellement sans m'arrêter? Une heure, une heure trente? À moi de voir. **Si je ne m'organise pas mieux, je vais vite être saturé, énervé**. Je partirai dans des pensées ou vagabondages mentaux qui me tiendront lieu de pauses!

16

Je choisis ma nourriture

Chacun de nous pourrait être typifié par un ou plusieurs animaux comme le faisaient les Indiens ou comme on le pratique chez les scouts en donnant des totems. Or, chaque type d'animal se nourrit différemment. Sans m'y enfermer, je comprends qu'il n'y a pas qu'une seule façon de se nourrir, que celle qu'on m'a apprise a sans doute des lacunes, que je mange plus par habitude, conditionnement, croyance que par vrai désir et besoin. Alors

je me libère des schémas trop rigides, je me demande ce qui me fait vraiment du bien : quels aliments, quelles quantités, quelle origine, quel équilibre. J'évite les excès, les mélanges que je digère mal. **Je me donne la permission de choisir et de remplacer la quantité par la qualité.** Si je vis en communauté, si je vais souvent au restaurant, à la cantine, chez des amis, là aussi simplement, sans juger les autres, sans peur d'être critiqué, je ne prends que ce qui me convient, en remerciant pour ce qu'on me donne. J'ose le faire. Je ne prends pas de tout. Je n'en reprends pas forcément, même si l'on m'y invite. Je remercie et je souris. Il s'agit simplement de se sentir plus libre pour ne pas s'encombrer davantage.

17

J'évite les excitants

Je fais attention à ce que je mange mais aussi à ce que je bois, aux médicaments que je prends. Trop de café ou de thé énerve ou empêche de dormir surtout s'ils sont pris en fin de journée. Il en est de même de certaines vitamines ou « dopants ». Il vaudrait mieux que je trouve la paix profonde et permanente qui m'habite pour avoir moins besoin de me stimuler artificiellement, ce que je paie par la suite. Il serait préférable que je réagisse plus positivement aux événements de la journée pour ne pas prendre l'habitude de sortir de mes états dépressifs à coups de médicaments. J'évite au maximum les montées d'adrénaline suivies de chutes de moral, les exaltations suivies de dépressions. **J'ai comme objectif d'apprendre petit à petit à rester d'une humeur constante branchée sur la paix des profondeurs**. Je fais attention à mes « drogues ». Elles ne pourront jamais remplacer **un vrai approfondissement**. J'ai été conditionné à vivre des hauts suivis de bas. Je me rends compte qu'il y a une autre façon de vivre mieux : en paix et plus intensément.

18

Je sors de l'excitation-dépression

Je ne veux plus connaître ces hauts suivis de bas, ces excitations suivies de dépressions, cette bipolarité dont j'ai l'habitude. Je m'approfondis. Tout ce que j'ai vécu a creusé en moi un espace intérieur, un chemin vers mon être profond. J'y ancre toutes mes joies, mes émerveillements, les cadeaux de la vie. J'y mets aussi mon fumier pour enrichir ma terre intérieure : mes soucis, insatisfactions, mes peines. Je laisse tout cela germer au rythme de la nature. **Tout peut être ferment de croissance**. Je ne suis plus dans un combat perpétuel mais davantage dans une **intégration**. Tout peut être engrais, tout peut servir de compost. Je ne suis plus divisé. Je cherche l'unité intérieure. Je ne monte pas trop haut pour ne pas chuter ensuite, descendre trop bas. **Je trouve peu à peu l'équilibre et la mesure, une modération libérante**.

19

J'évacue mes tensions

J'accumule des tensions (physiques, mentales...) tout au long de la journée. Que vais-je en faire si je ne veux pas être une « pile électrique » ou avoir besoin de me trouver un « bouc émissaire » pour me défouler ? Il est de ma responsabilité : 1) De **ne pas accumuler**. J'apprendrai à réagir au fur et à mesure, à trouver des répliques, des parades, à bien me positionner, à oser dire. 2) D'**évacuer positivement mon trop-plein** pour me détendre. Dès que je m'aperçois que ma tension intérieure monte, je me demande ce qui l'a provoquée, je décide ce que je fais par rapport à l'événement qui m'a troublé, si j'ai à aller voir telle personne, quand et comment... Je peux aussi recourir à ce qui me détend habituellement : une promenade, un bain ou une douche, un service, une activité qui me fait plaisir et où je me défoule (bricolage, jardinage, activité artistique...). Je peux encore me libérer en courant, en criant dans une forêt, chantant, dansant, frappant dans un coussin, sur un matelas ou un punching-ball... Enfin sur le plan spirituel, je peux comparer ce qui m'a énervé ou troublé avec la chance que j'ai d'être tant aimé de Dieu, d'avoir tant reçu de la vie et je peux offrir ce qui m'a perturbé (cf. n°92).

20

Je contrôle mes impulsions

C'est beau et bien d'avoir de l'élan. Thérèse de l'Enfant-Jésus disait que la prière est un élan du cœur. Il est beau et bien d'avoir des élans de générosité mais cela n'empêche pas de réfléchir avant d'agir (ni trop ni trop peu), de prendre du recul, de « tourner la langue dans sa bouche avant de parler », de discerner. Je vais souvent trop vite, trop fort et cela m'amène à réagir à contre temps, à brutaliser et je le regrette aussitôt. Et si j'avais su attendre et être en paix pour dire les choses autrement et en temps voulu… ? Je prétends être « vrai » mais je parle trop vite, je ne mets pas les formes. Et d'ailleurs est-ce bien « la » vérité ou « ma » vérité ? N'est-ce pas une façon de me mettre au-dessus de l'autre, de lui faire la leçon ? **Je prends conscience que mon impulsivité, mon caractère impétueux ont souvent fait du mal**. Il ne s'agit pas de freiner toutes mes impulsions, mais de trier et de savoir me taire. « J'ai souvent regretté d'avoir parlé, de m'être tu, jamais », disait un sage. Même une trop grande impulsion à bien faire peut être envahissante, intrusive, ou être vécue comme telle.

21

Je ne m'emporte plus

Memporter, être en dehors de moi-même, d'un contrôle nécessaire de mes émotions, de mon affectivité débordante, je m'y reconnais, c'est bien moi. Je ne peux m'en contenter si je veux être en paix ou transmettre la paix autour de moi. Quand je m'emporte ou plutôt quand une parole, une attitude, un événement suscitent en moi un emportement, je ne suis plus au gouvernail. Je ne tiens plus le volant. Je suis mû par l'extérieur, influencé, programmé, conditionné par mon passé qui resurgit à cette occasion. Je ne suis plus moi-même, conscient, raisonnable et présent. Alors plutôt que de m'emporter et ensuite de le regretter, **je choisis l'équilibre et la paix**. Si je me mets en colère, qu'elle soit contrôlée, ponctuelle et à bon escient. Un sage donnait une conférence et dans le public quelqu'un perturbait l'auditoire. Le conférencier s'est mis en colère un instant pour faire cesser le gêneur, puis immédiatement après a poursuivi son exposé, tranquille et calme « comme si de rien n'était ». Alors aujourd'hui, **j'apprends à réguler mes emportements excessifs** et à ne plus les justifier.

22

J'apprends à gérer et canaliser mes émotions

Ma sensibilité est belle en elle-même. Jésus nous compare à des agneaux, des brebis (Jn 21, 15-17). Lui-même était « *l'agneau de Dieu* » (Jn 1, 36). En tant que modèle, étalon, « *Voici l'Homme* » (Jn 19, 5), Il nous montre qu'Il a su aimer, être dans la joie, pleurer, se mettre en colère dans des occasions précises (exultation, compassion, injustice des hommes...). Il a aussi rejoint toutes nos peurs (Gethsémani). Mais Il avait la force du lion, une majesté impressionnante, une voix puissante (personne n'a jamais pu l'arrêter jusqu'à ce qu'Il le choisisse pour sauver le monde). J'ai donc à me réconcilier avec mes émotions qui ont leur utilité lorsqu'elles sont bien régulées, qui donnent de la vie, de la couleur, du relief. Mais j'ai aussi à apprendre à les gérer, **à les orienter positivement**. Il ne s'agit pas de « perdre mes moyens » ou toute mon énergie en la dilapidant mais d'en avoir la maîtrise : ni refouler mes émotions, les ignorer, ni les sortir n'importe comment. Quand une émotion monte, je cherche à la comprendre : ce qui l'a motivée, ce qu'elle me pousse à faire positivement : libérer des tensions, me faire respecter, remettre s'il le faut l'autre à sa place. **Je veux devenir un bon gestionnaire de ce cadeau de Dieu et j'apprends donc la tempérance** qui seule m'apportera la paix.

23

J'utilise positivement mes colères

Par rapport à mes colères, j'ai d'abord à les reconnaître puis à me poser deux séries de questions :

1) **Qu'est-ce qui les a motivées ?** Quelle en est l'origine ? De quoi sont-elles le symptôme ? Qu'est-ce que je revis à cette occasion ? Quelles situations passées ? Qui vois-je à travers mon « agresseur » (mon père, ma mère, mon frère, ma sœur, tel éducateur...) ? Ai-je bien su me positionner, trouver la réplique juste ?

2) **Comment les utiliser positivement?**

Cela bout en moi. Je ne veux pas dilapider mon énergie en récriminations, en ruminations inutiles. Alors je vais décider : « **La prochaine fois, voilà ce que je dirai ou ce que je ferai** ». C'est clair dans ma tête, je n'y pense plus parce que la décision est prise. Ce qu'il me reste de grondement intérieur, je vais l'utiliser comme **carburant pour agir**, faire du sport, m'aérer, me défouler. Je dis oui à ma colère. J'en fais une amie. Elle m'aide à **trouver les moyens de m'affirmer davantage, d'oser dire non et aussi de militer pour de bonnes causes**.

24

Je prends des bains de douceur et d'amour

Pour pouvoir me relâcher, me déstresser, me décontracter, je prends des bains de douceur, de tendresse, d'affection. D'abord en vivant de façon intense plusieurs fois par jour, et en filigrane toute la journée, l'Amour inconditionnel de Dieu pour moi : un Cœur à cœur, la conscience que je suis aimé d'une façon totale et permanente. Retrouver mon Bien-aimé. Retrouver mon Père, ma Mère, mon Frère, ma Sœur, mon Ami(e), mon

Enfant en Dieu. Plus j'accueille l'Amour de Dieu dans toutes ses dimensions et m'en sens comblé, plus j'aurai besoin de le retrouver, de m'y ressourcer. **Cela peut tout effacer, tout transfigurer**. Ma relation à Dieu est-elle analogue à celle de deux amoureux ? Mais j'ai besoin aussi d'un bain de fraternité humaine, d'amitié, de tendresse conjugale quand c'est possible. Or cela dépend aussi de moi : plus on donne, plus on reçoit, surtout si l'on donne gratuitement sans attendre la réciproque. Est-ce que je sais regarder les autres avec les yeux du cœur ? Voir leur identité d'enfant de Dieu ? **Sais-je recevoir** leurs gestes d'affection et m'en remplir ? **Une goutte d'amour reçue totalement peut remplir toute une journée, et même toute une vie !** Je découvre que je suis entouré d'amour et grâce à cela je porte du fruit.

25

J'apprends à bien dormir

Bien dormir, quand on est énervé, soucieux, est un apprentissage. D'abord savoir tout lâcher, **se ressourcer dans sa profondeur, pour y retrouver Dieu**, pour mettre de l'ordre en soi. Voir le sommeil comme réparateur. Le protéger. Lui donner sa place dans ma vie. Veiller à ce que je prends le soir (aliments, boissons, médicaments) ; à me divertir paisiblement pour ne plus penser, à remettre au lendemain mes interrogations et mes soucis (la nuit porte conseil) ; à ne pas entamer de discussions le soir tard avec un proche ou au téléphone, les renvoyer au jour suivant (on ne parle pas de la même façon à 22 h et à 10 h du matin!). Comprendre que **pour trouver une solution à un problème, il faut d'abord l'oublier**. L'inconscient fait le reste. Et surtout **il faut le vide de la pensée pour qu'une parole divine remonte** au cours de la nuit pour conseiller, guider, éclairer, réconforter. Alors je vois la nuit comme une amie qui me veut du bien, comme un bain de jouvence où je me ressource. **Je trouve progressivement un sommeil profond et réparateur**.

26

Je prends le temps

Au lieu de courir, de me précipiter « tête baissée », de céder aux emportements et sollicitations diverses, je décide de prendre le temps, de ralentir le rythme, de ne plus accélérer de façon intempestive, même si tout le monde se dépêche autour de moi. Je ne dis plus « j'ai hâte », « c'est long », « je n'en peux plus d'attendre », « quand cela arrivera-t-il ? ». Je sais qu'**il faut du temps pour que tout se mette bien en place**. Je ne vais pas plus vite que le courant de la vie, le courant parfait de la manifestation divine. Trouver la paix, c'est **faire confiance au temps**, en faire un ami, savoir attendre le bon moment. Cela ne sert à rien de tirer sur un épi de blé naissant, il lui faudra des mois pour pousser. Une grossesse dure neuf mois. Un enfant passera par différentes phases d'apprentissage et ce sera long ! Il en est de même en ce qui concerne la vie amoureuse. Alors je ne me précipite pas. **Je vais lentement mais sûrement**. Je m'améliore chaque jour. Je reste concentré, vigilant, mais je ne vis pas dans une compétition permanente. Rien ne presse !

27

Est-ce si pressé ?

J'angoisse. Je me précipite. Je voudrais tout et tout de suite. Il me reste cette impatience de l'enfance.

J'apprends à attendre : **attendre le signal, attendre le bon moment**. C'est vrai aussi bien dans ma vie professionnelle si je cherche un emploi, si je veux quitter mon entreprise, donner ma démission, que dans ma vie personnelle et affective où je voudrais tant qu'il ou elle vienne ou qu'il ou elle change.

« Mais c'est pour quand? ». Je me rappelle que « **tout vient à point pour qui sait attendre** ». Il y a un temps pour chaque chose : un temps pour semer, un temps pour récolter. Il faut du temps pour se préparer (pour atteindre leur ambition ou leur objectif, les hommes politiques et les sportifs en témoignent). **Alors pour moi aussi, l'heure viendra.** Au lieu d'envoyer des centaines de CV, avec en retour deux ou trois réponses négatives qui me découragent, je cible mieux. Je procède par vagues. J'envoie et j'attends, puis je recommence. Il en est de même au niveau sentimental. Et si celui (celle) qui me rendra heureux (se) est actuellement dans une région lointaine et si notre rencontre ne pourra se faire géographiquement, matériellement, que dans deux ou trois ans? Est-ce si pressé ou saurai-je attendre?

28

J'attends avec confiance

J'ai confiance dans l'avenir quel que soit mon âge. Les plus belles surprises viennent quand on s'y attend le moins. **Je crois aux cadeaux de la vie**. Alors pour ne pas être impatient, **je m'entraîne à attendre** : dans les embouteillages, au bureau de poste, lorsqu'un train ou un métro s'arrête en pleine voie, lorsqu'une lettre ou un appel téléphonique met plus de temps que prévu. J'apprends la patience, la persévérance dont j'aurai besoin dans tous les compartiments de ma vie : sentimentale, éducative, conjugale, professionnelle, amicale, communautaire. D'ailleurs quelle patience il m'a fallu entre le moment où je suis rentré à l'école et celui où j'en suis sorti avec plus ou moins de diplômes. Que d'années passées pour y arriver. Et je l'ai fait! Alors qui peut le plus peut le moins. Je saurai attendre une nouvelle fois les mois, les années nécessaires. Je ne reste pas dans la passivité. J'agis. Je fais ce qu'il faut, mais pas plus. Je ne bouscule pas les événements. Je ne dis pas : « Je suis au bout du rouleau… Je ne puis attendre davantage… ». Je reçois tout au moment favorable. Je lâche prise… et cela vient! **Le meilleur est devant moi**.

29

Je fais des gestes lents

Au lieu de faire des gestes nerveux, saccadés, précipités, je me donne comme objectif, au moins à certains moments de la journée, de faire des gestes lents pour trouver le calme intérieur. Contrairement à la pression sociale ou à celle du monde du travail. Alors pour m'intérioriser, je choisis de prendre ce verre très lentement et de le reposer doucement en toute conscience. Si des marches rapides sont bonnes pour la santé, je sais aussi marcher de façon très lente et le plus consciemment possible : je lève mon pied gauche et je le pose, ensuite le pied droit, je suis tout entier dans chaque pas. Je m'aperçois que ralentir consciemment le rythme va me faire entrer dans **une plus grande densité intérieure** comme si j'étais plus rempli, plus profond, plus moi-même. Je me rends compte que parfois je m'éreinte, je m'essouffle inutilement.

J'apprends à m'économiser : « Qui veut voyager loin ménage sa monture ».

Je découvre la beauté, l'efficacité, la majesté des gestes lents.

30

J'adhère à ce qui est

Une des clés les plus importantes pour trouver la paix et la garder est d'**adhérer au réel**, à ce qui est, de **dire oui à l'instant tel qu'il se présente.** Au lieu de vouloir toujours autre chose, de vouloir davantage, **je me réjouis de l'instant présent et je le goûte pleinement : sans jugement, sans comparaison**. Je le prends tel qu'il est, quelle que soit la façon dont il m'apparaît. Je l'accepte et j'y vois un cadeau, une occasion, une opportunité : au moins d'apprendre, de mieux comprendre, de me perfectionner. Je ne préjuge pas du futur. **De tout, Dieu fait un bien**. **Tout peut se retourner**. À moi de bien réagir. Cette adhésion pas à pas va me faire entrer dans une paix profonde. Cela veut dire aussi que j'ai confiance : en Dieu, en l'avenir, en la vie. Je ne veux pas aller contre le cours du jeu. Comme dans la descente des gorges du Verdon ou de l'Ardèche, **je rame dans le sens du courant et cela me permet de passer toutes les chutes**.

31

Je change de regard

C'est mon regard sur les événements, c'est mon ressenti qui trop souvent me trompent (« le ressenti-ment »). Alors j'apprends à voir les choses autrement, à changer de point de vue, à **inscrire toute chose dans l'éternité,** à **lui donner un sens positif**. Je vois le ciel bleu au-delà des nuages, le bout du tunnel, le jour après la nuit, le cadeau dans le paquet fermé, la vie éternelle à travers l'instant fugace. Cela me met en paix, dans la confiance. J'apprends à voir la beauté de toute chose, à porter mon regard sur ce qui peut m'émerveiller. Je me souviens que si c'était la guerre, si j'étais en prison, si je n'avais aucun argent, je ne pourrais pas profiter de tout ce dont je dispose actuellement et que je trouve « normal ». Au lieu de voir tout ce qui « va de travers », je vois tout ce qui marche, qui fonctionne : les trains à l'heure, le fait même que les voies ferrées et les trains existent. **Je prends conscience de ce que réalisent tous ceux qui travaillent, dont je profite et suis bénéficiaire**. J'exerce mon regard et petit à petit, il devient plus confiant, plus paisible, plus lumineux.

32

Je développe l'attention, la présence

Je regarde autour de moi : tant de choses que je ne vois pas, que je néglige : la beauté d'une pierre, d'une feuille, d'un animal, d'un sourire. Alors je deviens plus présent. **Je fais attention. Je vis ici et maintenant**. Quand on me parle, j'arrête de penser, j'écoute vraiment, au lieu de m'évader, de planer ou de réfléchir à ce que je vais répondre. Je me donne comme objectif de formaliser dans ma tête ce que l'autre vient d'exprimer et de le reformuler. **J'observe ce qui m'entoure et je m'entraîne à le décrire puis à le retenir.** J'écoute une conférence, je regarde une émission, et je deviens de plus en plus capable d'en faire la synthèse et de la raconter à quelqu'un qui n'était pas présent. Je fixe les moments importants dans ma mémoire pour pouvoir m'en rappeler. Au lieu de dire : « Je n'ai pas de mémoire, c'est Alzheimer » ou « Je perds tout », **je me concentre, je suis vigilant** : quand je pose mes clés, quand je gare ma voiture, quand quelqu'un me dit son nom et son prénom. Chaque jour je me répète ces mots : « être attentif », « vigilance », présence ».

33

Je reviens ici et maintenant

Tu me parles et je me rends compte que je ne t'écoute pas. **Je reviens « ici et maintenant » et je refixe mon attention**. Je décide d'être conscient en descendant les poubelles : je me prends en flagrant délit de rêvasserie, j'en prends conscience et je reviens à ce que je fais. Ainsi tout au long de la journée : quand je suis au travail, quand je repasse ou fais la vaisselle, quand je suis dans ma voiture, le bus ou le métro… je profite de toutes ces occasions pour être de plus en plus présent, attentif, pour **ne plus m'évader, rêver, m'éparpiller**. Dès que je m'aperçois que je décolle, je reviens : une fois, deux fois, dix fois, cent fois. Je m'aperçois que grâce à cet exercice d'**attention permanente** mais non crispée, je vais mieux. **Je me sens plus unifié intérieurement**. J'ai moins de peurs. Je sais faire face et je suis plus en paix car je suis là. J'existe. Je ne suis plus « transparent » au mauvais sens du terme. J'ai plus de densité. Je me pose et s'il le faut, je m'impose, moi qui manque de confiance en moi. Je m'affirme davantage, je deviens plus consistant, plus ferme, plus rigoureux.

34

J'observe mes pensées

Je prends l'habitude de contrôler mes pensées, que cela ne soit plus « ça pense en moi » mais « **je** pense, **je** prends conscience de mes pensées, **je** fais le tri ». **Je** repousse celles qui ne me conviennent pas et **je** garde les pensées utiles, bénéfiques, constructives. Quant aux autres, je me demande sobrement d'où elles viennent. **Est-ce bien moi qui pense cela?** Ou sont-ce des pensées toutes faites, des programmations de mon enfance ou de la société, des pensées « perroquet »? Je reprends le contrôle de mon mental, de mon intelligence. **J'arrête petit à petit mon cinéma, le vagabondage mental dans lequel je me complais**, mes ruminations, interprétations, projections. Symboliquement, je reprends le contrôle de mon véhicule, j'apprends à fermer les robinets quand il le faut, je choisis mes programmes. Quand j'allume un poste de radio ou de télévision, je suis libre de changer de longueur d'onde, de tourner le bouton ou d'éteindre. J'apprends à faire de même pour mes pensées. Mais le préalable pour réussir, c'est que je sois plus conscient de ce qui se passe en moi...

35

Je ne nourris plus de pensées parasites

« Je n'y arriverai pas ». « J'en suis incapable ». « Que je suis bête ». « Je suis nul ». « Je ne suis pas intéressante ». « Je n'ai pas de mémoire ». « Il (ou elle) est trop bien pour moi »... Trop de pensées parasites me trottent dans la tête que je laisse passer, que je ne repousse pas et auxquelles, en me les répétant trop souvent, je finis par croire. C'est un vrai poison. Non, je ne suis pas tout cela ! **Je passe au tamis de l'objectivité ce que je viens de me dire** : « Suis-je vraiment bête, nul, pas intéressante » ? Est-ce bien vrai ? En suis-je sûr(e) ? Alors pourquoi me complaire dans de telles pensées ? **Sont-elles efficaces ? Me font-elles du bien ?** M'encouragent-elles ? Ne rentrent-elles pas dans le cadre de ce que j'ai souvent répété lors d'offices religieux : « J'ai péché en pensée, en paroles… », pas seulement négatives vis-à-vis d'autrui, mais aussi vis-à-vis de moi-même, vis-à-vis du potentiel divin qui m'habite, vis-à-vis de mes qualités dont je suis redevable à Dieu, à mes parents, mes ancêtres. Alors **j'arrête de penser ainsi**. Et **j'y oppose des pensées positives** : « Je vais m'exercer chaque jour… ». « J'utilise de mieux en mieux ma mémoire, mon type d'intelligence, mes qualités… ». « Je travaille mes défauts… ». « Je fais fructifier le potentiel que Dieu et mon hérédité ont mis en moi… »

36

Je démine mes phrases-poison

Nous n'avons jamais fini de débusquer et d'apprendre à arrêter ces phrases générales, négatives, dramatisantes qui nous font tant de mal alors qu'elles n'ont aucun sens réel : « Qu'est-ce qui va encore m'arriver ? » ; « Je n'ai pas de chance » ; « La vie est injuste » ; « On ne peut avoir confiance en personne… ». **Je prends le temps de les analyser**… Elles me viennent de loin. Je les ai entendues dire par mon père, ma mère, mon frère, tel ami, tel professeur… Je dégonfle les baudruches. Je n'en veux plus. **Ce ne sont pas des paroles de vérité**. Je ne les justifie pas. Ceux et celles qui les ont proférées ont répété avec moi ce qu'on leur avait sans doute fait subir, ont projeté sur moi des leçons négatives, les fausses croyances qu'ils ont tirées de leur existence. **Je dis stop!** Je n'ai plus aucune complaisance avec ces phrases poison. **Je les remets totalement en cause.** Dès que l'une d'entre elles me vient à l'esprit, j'en prends conscience et je l'arrête aussitôt. Je la remplace par une phrase inverse, positive, du type : « Je vais y arriver petit à petit… » ; « L'avenir me sourit… » ; « Il y a en moi plus de potentialités que je ne crois… ». **Je ne serai plus un transmetteur de phrases nocives, aux autres, à mes enfants. J'en libère ainsi mon hérédité**.

37

Je me méfie des rumeurs

La langue peut faire tant de mal. « *Ce n'est pas ce qui rentre dans la bouche de l'homme qui le souille* » (bien que…) « *mais ce qui en sort* » (Mt 15, 11). Alors je me méfie des « on dit », des « sais-tu que… », des bruits de couloir, des conversations de salon, des propos malsains, tendancieux, nauséabonds. J'évite moi-même de faire le « beau », la « belle », d'attirer l'attention en donnant des informations « croustillantes » que je n'ai pas vérifiées et qui nuisent à autrui. Où est-ce que je puise mes sources ? Dans les journaux *people*, les informations télévisées, les films catastrophes ?

À toute rumeur je mets un grand point d'interrogation. Je prends du recul. Je fais le tri. J'apprends à me taire. Que mes paroles, que mon écoute, servent à « faire du bien », à honorer la création de Dieu, à respecter autrui. Je mets en pratique pour moi comme pour les autres cette phrase : « Je te remercie Dieu de ma vie pour la merveille que je suis, qu'il (ou elle) est ». Et si ma « langue » était utilisée à bon escient, pour reconnaître la valeur de chacun, son identité d'enfant de Dieu, ses dons, ses talents ? **Et si j'écoutais et valorisais surtout le bien que l'on peut dire d'autrui ?...**

38

Je me libère des programmations négatives

Ai-je bien conscience de ce qui me reste de programmations exprimées ou pensées par l'un de mes parents, éducateurs ou personnes ayant de l'importance pour moi et que je garde intérieurement comme une vérité : « Tu es un incapable… Un bon à rien… Tu n'es pas drôle… Qui voudra de toi ?… Je te plains ma pauvre fille… Je plains ton mari… ». Qui plus est s'y ajoutent les fausses croyances de ma famille, de mon milieu, de mon parti, de mon église… que

j'ai à passer au tamis de l'objectivité : « La vie est dure... Se faire plaisir est égoïste... Les hommes sont... Les femmes sont... On n'est pas sur terre pour être heureux... Qui rit vendredi, dimanche pleurera... ». Toutes ces programmations, ces croyances, me forgent une identité tronquée. Comment être en paix avec de telles déviations ? **Dieu vient m'aider à ne plus prendre pour argent comptant ce qu'on m'a appris, à devenir une femme, un homme libre** : « *La vérité vous libérera* » (Jn 8, 32), « *Je suis venu libérer les captifs* » (cf. Lc 4, 18). Je n'ai pas fini de me rendre compte à quel point je peux être encore conditionné(e) par des messages négatifs ou enfermants que je n'ai pas remis en cause.

39

Je sors des scénarios d'échec

« Je n'ai pas de chance dans la vie... Qu'est-ce que j'ai fait au Bon Dieu pour mériter ça ?... Je rate tout ce que je fais... Je casse tout... Je suis nuisible... Personne ne me comprend... Il est trop tard... J'ai été trop loin... Il n'y a pas de retour possible... Je n'ai pas de cœur... Je ne sais pas aimer... On m'en veut... ». Autant de scénarios destructeurs où je me sens victime, où je subis ma vie sans joie, sans plaisir, sans amour. Je m'enferme dans un cadre rigide où il n'y a pas de sortie, où tout est noir. Ce n'est pas ce que dit en moi l'enfant de Dieu qui croit qu'**une amélioration est toujours possible**, qu'on n'est pas condamné par son passé, que le GPS de Dieu connaît plus d'une route pour nous mener à destination, que de tout sans exception, Dieu peut faire un bien. Alors aujourd'hui **je décide de ne plus être ainsi programmé**. Je ne veux plus projeter tout le temps le même film sur mon écran blanc. Je choisis la Vie, la vraie vie, celle où étant moi-même, heureux d'être moi-même, je trouve la paix. Je ne mets plus d'obstacle à l'action bienfaisante de Dieu en moi. Il n'est que Vie. Il me libère. Maintenant **je décide avec Lui, grâce à Lui, de réussir ma vie**.

40

Tout peut se retourner positivement

Rien n'est inexorable. **Il n'est jamais trop tard**. Aucune situation n'est « perdue ». Je ne peux dire « A mon âge… » ; « Je n'ai pas (ou plus) le courage ». **Dieu en moi me donne un nouvel élan**. La force divine m'habite. **Dieu est le grand Transformateur**, Il transforme tout de façon bénéfique. Je lui donne mes chemins tordus et Il les rectifie. Je suis dans le fossé, et Il m'en sort. Je suis « à la case départ » et Il m'aide à repartir. Je me sens « au fond du puits » et Il me fait remonter, fait jaillir son Eau Vive. En Dieu, il n'y a aucun mal, tout ce qu'Il touche se transforme en or. Alors je me laisse transformer par Lui.

Je reviens à Lui continuellement : « Sans toi Seigneur, je ne peux rien. Tu me fais tout voir autrement. Si je me sens dans la boue, Tu me fais découvrir des pierres précieuses. Si je pense vulgairement de tel ou tel «C'est un fumier», alors que cette relation grâce à Toi enrichisse mon sol, serve d'ingrédient, de compost ». Que je n'oublie jamais qu'un arbre tire sa force de ses racines qui elles-mêmes se nourrissent de feuilles en décomposition...

41

Je me réconcilie avec mon passé

Si je veux être en paix, il faut que je ne traîne pas mon passé comme un boulet qui m'alourdit, qui crée sans cesse des résonances par rapport à ce que je vis aujourd'hui : dans les relations sentimentales, professionnelles, amicales, hiérarchiques... **Je saurai que mon passé n'est pas réglé si j'ai des réactions disproportionnées, exagérées, dramatisantes et récurrentes** par rapport à l'affectivité, au travail, à l'autorité, à mon corps..., si je sens des blocages, des refus, des répétitions. Alors **j'ai à me faire aider pour y voir clair**. Qu'est-ce que je projette dans telle situation ? Pourquoi est-ce que j'interprète toujours de la même façon négative ? Ce n'est pas en refoulant les mal vécus de mon enfance, en m'en voulant à moi ou en en voulant aux autres, en réglant des comptes, que je vais avancer. **Mon passé est passé ! J'en tire des leçons**. Je n'ai pas été parfait. Tout ne s'est pas déroulé comme je le voulais, mais je dis **oui** à ce qui a été, quelles qu'aient été mes blessures, mes erreurs et mes souffrances. On ne m'a pas compris, je ne me suis pas senti reconnu : **oui**. Je me suis trompé, j'ai fait mal, je me suis senti rejeté : **oui**. Qu'est-ce que j'en fais maintenant pour ne plus recommencer ou ne plus m'attirer les mêmes réactions de la part d'autrui ? Comment vais-je me fortifier et **en faire une expérience enrichissante** ?

42

Je dis oui à tout ce que j'ai vécu

Ce qui a été, a été. **C'est fait!** Je n'y peux plus rien. **Je l'accepte. Je renonce définitivement aux retours en arrière culpabilisés et culpabilisants, aux ruminations** : « J'aurai dû... Si j'avais... Si seulement... ». Je dis oui à tous les éléments de ma vie passée, sans aucune exception : erreurs, réussites, ratages, blessures, conflits, etc. Je les reçois dans mon champ de conscience, ne les refoule pas, apprends petit à petit à me familiariser positivement avec eux, à les ré-apprivoiser. **Dieu transforme tout en fécondité** : ma vie telle qu'elle est, acceptée, peut me rendre plus humble, plus compréhensif envers autrui, plus proche, plus compatissant. Il n'y a rien que je refuse. Tout peut faire croître ma charité, me rendre plus utile aux autres. **Je me réconcilie avec tout moi-même et dorénavant je dis oui à tout ce que je vis**. Quand je regrette telle chose, je me demande comment agir maintenant et ce que je ne peux changer, je l'accepte et le mets dans le Cœur de Dieu.

43

Ce qui est fait est fait !

Je ne peux refaire mon passé. La seule réalité est qu'il a eu lieu et que je ne peux le changer. Mais **je peux modifier dès aujourd'hui ma façon d'y réagir** et Dieu m'y aidera. Je regarde autour de moi : tout le monde ne réagit pas de la même façon à des événements au moins en partie semblables. Je prends exemple sur autrui. Comment ont-ils fait (Tim Guénard, Martin Gray, Christian Faison[1]) pour s'en sortir ?

---

1. « *J'ai choisi de vivre* », Presses de la Renaissance, 2010.

Je ne peux me contenter de dire : « Ils étaient exceptionnels et moi j'en suis incapable ». **J'ai en moi beaucoup plus de ressources que je ne crois. Je peux rebondir, permettre à l'expérience passée de porter du fruit.** Tout vécu peut être utile si je l'accepte. Mon passé élargit ma compréhension : de moi, des autres, de l'être humain en général.Je deviens plus riche d'une expérience. **Ma responsabilité est de ne jamais me racornir, m'aigrir, me buter.** Je reprends le gouvernail de ma vie. **Je bénis mon passé**, et je ne retourne plus jamais en arrière !

44

J'ai fait ce que j'ai pu

Puis-je me dire simplement cette phrase : « **J'ai fait ce que j'ai pu avec les moyens dont je disposais à l'époque** ». Cela, je peux l'exprimer aussi par rapport à mes parents, mon hérédité : « Ils ont fait ce qu'ils ont pu avec ce qu'ils croyaient et la façon dont leur génération a été élevée ». Il ne s'agit pas de tout justifier mais de **comprendre pour pardonner**.

La paix intérieure est à ce prix ! J'ai à quitter le passé, mes parents, mon hérédité, pour les aider à évoluer positivement. Pour eux tous, pour moi, pour mes descendants, **je vais prendre des décisions nouvelles et avancer**. « *Paix aux hommes de bonne volonté* ». Je peux être simplement un homme, une femme de bonne volonté qui chaque jour fait ce qu'elle ou il peut avec les moyens du jour, avec ses capacités, ses atouts, ses limites. Je serai plus en paix si je suis réaliste. Je ne suis pas un « superman » ou une « superwoman ». Je n'ai pas à effectuer quotidiennement les douze travaux d'Hercule. **J'avance pas à pas en m'améliorant chaque jour, en me fortifiant et en valorisant mes petits progrès**.

45

Je place la barre moins haut

Il est terrible ce perfectionnisme dans lequel j'ai peut-être été éduqué. Vouloir être parfait : quelle illusion, quel orgueil !

Dieu seul l'est et le sera à jamais. Alors, comme le fait le sauteur en hauteur, **je place la barre à une hauteur raisonnable compte tenu de mes limites et possibilités réelles**.

Trop haute : je ne l'atteindrai jamais. Trop basse : je ne ferai pas de progrès. Je la place donc de telle façon que je puisse la dépasser au moins certains jours, puis une fois que j'aurai réussi à le faire de façon régulière, je la place un peu plus haut et ainsi de suite. Trouver la paix et la garder c'est être vraiment réaliste et Adulte : ni plus ni moins. **Me donner des objectifs réalisables**, que je suis susceptible d'atteindre, **puis progresser pas à pas**. Me féliciter des réussites et progrès accomplis, faire le point chaque jour pour comprendre pourquoi j'ai fait « tomber la barre », analyser mes erreurs, en tirer la leçon et redécider pour les jours suivants... et **surtout ne jamais me décourager!** Lentement mais sûrement!

46

Je me donne le droit à l'erreur

Être réaliste, accepter son humanité, c'est savoir que l'on fera des erreurs. Aucune décision - et encore faut-il la prendre - n'est tenue à cent pour cent. **Je valorise ma part de réussite et je travaille ma part d'échec**. Un enfant ne se met pas debout sans faire de nombreuses chutes. On apprend à lire et à écrire comme aussi de jouer d'un instrument de musique en faisant beaucoup de fautes ou de fausses notes... On a observé à une époque que les entreprises les plus performantes dans le monde avaient, entre autre devise : « Assurez-vous chaque jour de faire un nombre suffisant d'erreurs... Nous préférons que vous osiez, que vous mettiez en pratique, quitte à vous tromper et rectifier ensuite, plutôt que vous soyez timorés, sans initiative, par peur de mal faire. Décidez, appliquez, puis faites le point et redécidez de nouveau ». « On ne fait pas d'omelette sans casser des œufs ». **Il n'y a pas d'avancée sans tâtonnements, sans apprentissage. Droit à l'erreur et devoir d'en tirer la leçon**.

47

J'accepte mes imperfections

Ai-je bien compris que **mes imperfections sont pour moi l'occasion de progresser**, de me donner des objectifs de changement, de connaître mes limites, de devenir plus humble (je ne suis ni « parfait », ni « fort », ni « tout-puissant »), de moins juger les autres qui sont comme moi imparfaits et de mieux les comprendre. D'où plus de charité et plus de foi : « Sans Toi Seigneur, je ne peux rien. Je ne peux vivre sans toi ».

Sans parler de la fécondité des imperfections et vulnérabilités acceptées et offertes. Je ne réussis pas tout. **J'ai des failles, des fragilités. Je les accepte.** Je m'améliore peu à peu. Mais en attendant, j'offre ces difficultés : mon manque de confiance en moi, mon irritabilité, et Dieu les transforme en bénédictions pour le monde (cf. n° 92). Accepter ne veut pas dire justifier. **Nous sommes tous des cruches un peu fêlées** (cf. *La vie combat ou cadeau)* [2]. Nous avons à nous remplir d'eau divine pour la déverser autour de nous, et comme Dieu sait que nous perdons une partie de notre eau, Il sème des graines que cette eau « perdue » fait pousser et transforme en fleurs. Ce qui ne nous empêche pas par ailleurs de soigner nos fêlures…

---

2. *La vie combat ou cadeau*, EDB, 2008.

48

Je me réconcilie avec tous mes élans d'amour

J'ai perdu la paix intérieure quand j'ai souffert dans ma vie sentimentale, affective. J'ai aimé, j'y ai cru, il y a eu rupture. J'ai été déçue(e). J'ai « mal aimé ».

Des proches ont détourné ou bloqué mes élans d'amour : mon père, ma mère, mon grand-père, un oncle, un voisin... Il est arrivé ce que je ne voulais pas, ce à quoi je ne m'attendais pas. Aujourd'hui, je n'ose plus m'ouvrir et aimer. Mon cœur me semble dur. D'ailleurs je dis souvent : « je n'ai pas de cœur ». Je suis une vraie girouette, je ne réussis pas à me fixer. J'ai eu des relations avec une personne mariée ou qui avait pris d'autres engagements, qui avait fait des vœux et je me suis senti(e) blessé(e) et coupable. Pourtant... que je fasse bien le tri ! **Au départ, l'amour est toujours beau**, il vient de Dieu. Dieu est l'Amour. Mais mon vécu, mon éducation m'a fermé(e) ou m'a mal orienté(e). Je n'ai pas su discerner. J'ai été trop vite. Je me suis aveuglé(e) ou me suis laissé(e) aveugler. J'y ai trop cru. **J'ai mal utilisé le don de Dieu**. Pourtant... ma capacité d'aimer donnée par Dieu est belle. Je peux juste regretter ce que j'en ai fait, sur qui je me suis fixé(e). **Je tire les leçons de mes erreurs passées et je me réconcilie avec l'Amour qui m'habite.**

49

J'apprends à ne plus (m') en vouloir

J'avais pris une décision. Je ne l'ai pas tenue. Je m'en veux. Mon mari, mon ami(e), tel(e) collègue, s'est moqué(e) de moi en public. Je n'ai rien su dire. J'ai rougi. Je m'en veux et je m'en veux de m'en vouloir. Je lui en veux. Je lui fais la tête. Je « suis » susceptible et je m'en veux de l'être... **Comment réagir autrement et plus efficacement ?** D'abord en acceptant ce qui est : je n'ai pas tenu cette décision, je n'ai pas su rétorquer, j'ai rougi : Oui ! C'est ! M'en vouloir ne sert à rien, me sentir coupable non plus. J'accepte ce qui s'est passé, ma réaction ou mon manque de réaction. Mais je me donne un objectif d'amélioration : apprendre à décider - savoir dire non - répliquer - prendre du recul - avoir plus d'humour ou de légèreté - ne pas dramatiser… **J'accepte d'apprendre**. J'accepte mes failles et mes erreurs et « Cent fois sur le métier je remets mon ouvrage ». J'avance pas à pas. Parallèlement, j'apprends à ne pas en vouloir aux autres. Les mots ne sont que des mots. **Les phrases les plus assassines ne sont qu'un ensemble de mots**. Je les relativise. J'accorde le droit à l'erreur. Je tourne la page et je décide : « La prochaine fois, je… »

50

J'accepte de ne pas être en paix

Je **trouve la paix en acceptant, en décidant, en positivant, en relativisant, en dédramatisant.** Mais si je n'y arrive pas, du moins pour l'instant, du moins aussi bien que je le voudrais, aussitôt **j'accepte de ne pas avoir réussi**. C'est ainsi que finalement je me remets dans la paix. **Comment être vraiment dans la paix si je me tends, si je me crispe pour y arriver ?** Je ne suis pas en paix :

je dis oui de mieux en mieux à mon état d'agitation intérieure, j'accepte de « n'en être que là ». Je ne m'envoie pas de phrase poison. Et **c'est parce que je suis doux, patient, miséricordieux avec moi-même et mes imperfections que la paix revient**. En vérité, **la paix profonde ne trouvant plus d'obstacles en moi**, à son expression, remonte d'elle-même et **(re) prend place**. Ce sont tous mes refus qui l'empêchent de se déployer. Quelles que soient mes « bêtises » et erreurs, je dis oui. Non pour les justifier mais pour, une fois que j'en ai pris conscience et ai décidé d'un changement, ne pas leur donner trop d'importance, ne pas me focaliser, m'obséder, ce qui est contraire à la paix intérieure.

51

Paix aux hommes de bonne volonté

Voilà la seule question que je dois me poser. Puis-je dire de moi que je suis un homme ou une femme de bonne volonté ? « *Paix aux hommes que Dieu aime !* » (Lc 2, 14). C'est ce que les anges ont dit aux bergers lors de la naissance de Jésus que nous fêtons chaque année à Noël mais que nous devrions vivre chaque jour en nous. **Il y a dans notre profondeur un puits de bonne volonté**, mais il y a aussi plus en périphérie tout un tas de raisons, revendications, blessures, griefs, qui obscurcissent celle-ci et la transforment en mauvaise volonté ou l'annihilent en pas de volonté du tout. **Souhaitons-nous développer notre bonne volonté, notre détermination à bien faire ?**

Le voulons-nous vraiment ? Désirons-nous plus que tout nous améliorer ? Les bergers étaient des gens simples, frustres. Pas de grands érudits, pas des savants ou des saints. À eux comme à nous il est demandé simplement d'être « de bonne volonté », de chercher à bien accomplir notre travail, notre mission, à être juste. Joseph était un « *isch* » : un homme fidèle, juste et bon !

52

Je reçois le Pardon de Dieu pour toutes mes fautes

D**ieu** sait que je suis, petit, fragile. Il **me pardonne mon passé**, m'offre gratuitement son Amour, une nouvelle vie. C'est la parabole du Fils prodigue (Lc 15, 11), mais aussi celle du débiteur impitoyable (Mt 18, 23). **Plus j'ai conscience d'avoir beaucoup reçu,** d'avoir été pardonné, lavé, purifié pour tant de manquements et de fautes, **plus je me sentirai porté à pardonner à autrui**. Comment en vouloir à celui qui me doit quelques pièces, alors qu'il m'a été remis une somme énorme ? Comment désirer me venger ? Je découvre que quoi qu'on « m' » ait fait, quelles qu'aient été les injustices (réelles ou supposées), cela n'est rien par rapport à toutes les dettes que Dieu m'a remises. En suis-je persuadé ? Ai-je bien pris conscience du mal que j'ai pu faire aux autres et à moi-même ? Me suis-je vraiment pardonné à mon tour ? Acceptant d'être pardonné pour mes imperfections et erreurs, je tirerai la leçon et développerai pour moi comme pour autrui un **cœur miséricordieux.**

53

Je deviens plus bienveillant

Bienveillance. Veiller au bien. Plus je me ressource dans cet endroit profond de moi où se trouve la Paix, la Douceur, la Joie, l'Amour, plus je suis heureux et désire partager ce bonheur intérieur. J'ai compris que Dieu est **Bienveillant**, que je suis petit(e) devant Lui, Il m'aime constamment et infiniment. Il se réjouit avec moi de mes petits progrès et m'en remercie. J'ai compris que **Dieu** ne m'en veut pas et **a sur moi un regard qui me tire vers le haut et**

me redonne confiance en moi, qui me révèle le cygne que je suis quand je me vois seulement vilain petit canard. Alors ce que Dieu fait avec moi, j'apprends à le faire avec autrui. Je vois le bien, le trésor, le potentiel que chacun porte de façon spécifique. Je ne suis plus jaloux puisque j'ai découvert cela pour mon plus grand bonheur. Bienveillance ne veut pas dire ignorance des défauts, non vigilance, ingénuité, manque de clairvoyance, de réalisme, de discernement, mais **changement de regard sur autrui. Je reste prudent mais j'accorde aux autres le droit de se tromper.** Je les aide à se relever. Je les exhorte. Je leur rappelle ce qu'ils ont de meilleur. **Ce que Dieu a fait pour moi, je le fais avec toi !**

54

Quelle était mon intention?

J'ai mal agi et j'ai fait mal. Mes paroles ont été blessantes. Je me suis énervé au volant de ma voiture, au travail, dans la rue, chez moi... C'est un fait.

Mais **l'ai-je vraiment fait exprès? Ai-je vraiment voulu nuire? Était-ce réfléchi et prémédité?** Étais-je en possession de tous mes moyens? **En avais-je vraiment l'intention ?** J'ai heurté une autre voiture. J'ai blessé involontairement un piéton, c'est très dommageable. J'ai à réparer, à regretter ce qui est ma part réelle, au moins de ne pas avoir fait assez attention. Mais pour éviter que toute ma vie soit brisée et qu'ensuite je m'autoflagelle continuellement, j'ai aussi à me poser la question : l'ai-je fait exprès ? Avais-je vraiment l'intention de blesser ?

Cela n'excuse pas tout. Il y a ensuite des actes à poser, à accepter éventuellement les répercussions administratives, juridiques... Mais là encore, et quoi que j'aie fait, il n'est jamais trop tard pour en tirer toutes les leçons, accepter les conséquences et en **faire un chemin de sainteté**.

Un moment d'inattention peut amener une vie fracturée et brisée mais aussi **une vie nouvelle, plus humble, plus réaliste, plus vraie, plus profonde, plus offerte**...

55

Est-ce si grave ?

Je viens de prendre l'exemple d'un accident aux multiples conséquences. Je me pose la question : l'ai-je vraiment voulu ? Heureusement la plupart du temps, dans nos vies et grâce à Dieu, il s'agit d'événements beaucoup moins dramatiques : un oubli, une négligence, une parole, une action que nous regrettons ensuite, qui a dépassé notre pensée. Alors j'apprends, moi qui ai tendance de par mon hérédité et l'exemple de mes parents à tout dramatiser, à m'interroger : est-ce si grave ? Les conséquences sont-elles si « affreuses », « épouvantables » que je le pense ou le déclare ? Et c'est là que je vais m'apercevoir que d'un puceron j'ai souvent fait un monstre, que d'une petite souris j'ai fait un rat porteur des plus terribles maladies... **N'aurais-je pas tendance à exagérer? Il est temps que cela s'arrête et que j'en revienne aux faits réels** : une simple altercation, une simple incompréhension, qui m'invite à réfléchir à pourquoi cela s'est passé de la sorte et à décider quoi faire maintenant, mais qui en soi n'a rien de si grave. Dédramatiser. Relativiser. **Halte au catastrophisme!**

56

Suis-je vraiment (le seul) responsable ?

Beaucoup de fausses culpabilités redondantes pourraient céder si je me posais objectivement la question de ma réelle responsabilité. **Les responsabilités sont souvent partagées, collectives. J'ai à prendre ma part, mais seulement ma part.** La refuser fait de moi un persécuteur qui accuse l'autre, mais l'exagérer fait de moi une victime professionnelle. Je suis vraiment responsable quand je choisis délibérément et en toute conscience. Mais souvent, j'ai été poussé, je n'ai pas su dire non, m'affirmer. Il ne s'agit pas de se sentir responsable de tout ou au contraire de rien, mais de comprendre que la responsabilité est souvent diluée et qu'il y a des degrés. Dans une chanson célèbre, un chanteur avait posé la question : « Qui a tué Davy Moore ? » (boxeur mort au cours d'un combat). Est-ce lui (il aurait pu ne pas boxer ou s'arrêter plus tôt) ? Est-ce son adversaire qui a porté le coup fatal ? Est-ce l'arbitre, le soigneur, le médecin qui était dans la salle… ? Tous auraient pu intervenir. Sont-ce les spectateurs, les journalistes ? Sans eux il n'y aurait pas eu de combat. Ou encore ceux qui ont mis au point les règles de la boxe… ? Alors, à mon niveau, quelle est ma part de responsabilité ?

57

Est-ce à moi d'intervenir ?

Ah, tous ces soucis qui m'assaillent jour et nuit ! Je suis dans l'angoisse. Je crains pour moi, pour ceux que j'aime. Et si je nous plaçais tous dans les mains, le cœur de Dieu et sous la protection angélique ? Je m'en mets souvent trop sur le dos. Elle vit (ils vivent) des situations difficiles. Mais qu'y puis-je réellement ? Est-ce à moi d'intervenir ? Serai-je vraiment efficace ? En ai-je la capacité ? **S'agit-il d'un domaine où je peux vraiment proposer mon aide ?**

D'autres ne le feraient-ils pas mieux que moi parce que c'est leur métier (psychologue, coach, conseiller conjugal, médecin...) ou parce que c'est leur vocation (prêtre, pasteur...), leur art (artisan, jardinier...)? Par ailleurs, **est-ce le bon moment**? Je n'oublie jamais que **Dieu seul est le chef d'orchestre**, que je ne suis qu'un instrument parmi d'autres, que **j'ai ma partition à jouer, mais seulement celle-là**. Si je joue à contre temps, même avec la meilleure volonté, la plus grande virtuosité, cela risque de produire une cacophonie. Alors je demande intérieurement le feu vert et j'attends le signal. Si je sens une résistance intérieure, autre que motivée par la peur, j'attends. Je ne néglige pas ma part, mais **j'apprends** à ne pas en faire trop et surtout **à moins m'en faire**!

58

Je modifie mes réactions habituelles

Ce sur quoi je peux d'abord faire effort, me donner des objectifs de changement, ce sont mes réactions habituelles : lorsqu'on me critique, en société, dans ma vie affective, professionnelle, lorsque je ne me sens pas assez reconnu(e), considéré(e)... Que j'arrête de me justifier. **Je pourrais réagir autrement**. D'autres dans la même situation ne réagissent pas comme moi. Alors je les observe : comment font-ils ?

Je ne me dis pas tout de suite : « Oui, mais eux savent le faire et pas moi ». Je m'exerce. Ma liberté est d'abord dans le choix de mes réactions. C'est moi et moi seul qui m'enferme dans la même attitude stéréotypée. **N'y aurais-je pas quelque bénéfice : la facilité, l'habitude, la non remise en cause?** Je pourrais m'affirmer davantage et plus tranquillement. **Je pourrais ne plus subir, ne plus fuir, ne plus me rebeller de façon exagérée**. Je pourrais être plus affirmé, plus clair ou au contraire plus compréhensif, conciliant, bienveillant. Je pourrais utiliser davantage ma capacité de plaisanter (cela aussi se travaille...). J'ai beaucoup plus de créativité que je ne le crois et cette imagination dont je me sers pour interpréter, projeter ou ruminer, je pourrais l'utiliser pour réagir autrement dans la vie courante.

59

Je n'en rajoute pas

T**rop souvent j'interprète le comportement des autres**, leur attitude, leurs paroles ou leurs silences en fonction de mes complexes, croyances négatives, scénarios habituels. **Je me fais des films. Je projette** : « Il (elle) ne m'a pas dit bonjour, ne m'a pas regardé, ne m'a pas téléphoné... ». Je n'ai aucune preuve qu'il ou elle l'ait fait exprès, ait eu l'intention de me nuire ou m'en voulait. Mais comme je me suis empressé d'en rajouter, d'imaginer, voilà que je me ferme, me mets en colère ou deviens fuyant et l'autre ne me comprend pas... Il (elle) m'a répondu l'autre jour d'une façon brusque qui m'a blessé(e). Je finis par lui en parler. Il (elle) ne s'en souvient même pas ! Un sage[3] raconte qu'un soir avant de se coucher dans l'ashram où il apprenait les chemins de la sagesse, il voit au plafond une horrible araignée. C'est une mygale ! Il imagine aussitôt qu'elle va descendre et le piquer. Pour appliquer l'enseignement, il accepte sa peur et la relativise. Mais il n'arrive toujours pas à s'endormir. Alors en pleine nuit, n'y tenant plus, il place une chaise sur une table, fabrique un tampon, et pour ne pas faire de bruit afin d'éviter les moqueries, il s'approche de cette affreuse mygale... et s'aperçoit alors qu'il s'agit d'une craquelure dans le plafond !

---

3. Arnaud Desjardins, *À la recherche du soi*, La table ronde, 1986.

60

Mes craintes sont-elles fondées ?

Je suis souvent dans la peur de ce qu'on va dire de moi, peur d'être mal jugé(e), peur de faire des démarches, peur de dire ce que je pense, peur d'être mal compris, peur des réactions, peur d'être abandonné, rejeté, trahi, humilié, trompé... Du coup je n'ose pas. Je ne vais pas vers les autres. De plus j'ai peur de l'avenir, de la mort, d'un accident, pour moi, pour mes proches. Et plus d'une fois j'imagine tout un scénario catastrophe. **Stop** ! **Quels éléments objectifs me permettent**

de penser cela? Y a-t-il des indi-cateurs certains? Ne suis-je pas une fois de plus en train de divaguer, d'entrer dans des élucubrations mentales? **Stop**! Je ne veux plus m'y complaire. Ces craintes n'ont aucun fondement réel. Alors **j'arrête de me faire du mal, du souci pour tout et pour tous.** Je développerai de plus en plus ma vigilance, oui, mais j'ai confiance et je vais vers les autres avec une confiance raisonnable et raisonnée. Je travaille mes peurs. Je me fais aider et je n'oublie pas la Providence, la Protection divine. « *Sois sans crainte ni frayeur, car le Seigneur ton Dieu est avec toi dans toutes tes démarches.* » (Jos 1, 9)

61

Je me libère de mes peurs

Enfant, j'ai été trop protégé, trop couvé ou au contraire pas assez rassuré, et j'ai connu des événements traumatisants. Ce n'est pas parce que j'ai eu peur que je ne peux m'en guérir. **Ce n'est pas parce qu'un traumatisme a eu lieu qu'il se répétera**. Je le remets à sa place dans le passé : il a eu lieu dans telle circonstance, avec telle personne. Il n'y a aucune raison maintenant d'avoir peur partout ou avec tous ceux qui ressemblent de près ou de loin à mon « agresseur ».

J'ai grandi. Je comprends mieux les choses. J'ai appris à me protéger, à me défendre, à m'opposer, à dire non. **Il n'y a pas de « mauvais sort ». Rien n'est inéluctable.** Dieu fait « toutes choses nouvelles », m'aide à renaître, neuf, à intégrer positivement le passé. Il est mon berger. **Renaître c'est tourner la page mais surtout choisir de faire parler en soi l'enfant de Dieu.** Grâce à ses parents présents et bienveillants qui veillent sur lui, retirent les obstacles sur son chemin ou l'aident à les contourner, un enfant n'a pas peur d'avancer. Il sait qu'il peut compter sur eux. Ainsi en est-il de l'enfant de Lumière qui nous habite intérieurement. **Il vit tout sans exception sous la garde et la sauvegarde de ses parents divins.**

62

Je suis habité, béni et protégé

Habité. Béni. Protégé. Voilà trois mots essentiels que je peux intérioriser pour qu'ils me transforment. Oui, **Dieu m'habite à tout moment.** Il est Paix et donne la Paix. Oui, **Dieu est mon Père qui me bénit et me protège**, « Sur des prés d'herbe fraîche Il me parque. Vers les eaux du repos Il me mène » (Ps 23, 2). Plus je m'ancrerai dans cette certitude et plus j'aurai confiance : « Je ne crains aucun mal car Tu es avec moi [...]

Oui, bonheur et grâce m'accompagnent tous les jours de ma vie » (Ps 23, 4.6). Si je suis habité, béni, protégé, je peux aussi étendre cette protection à tous ceux que j'aime, pour lesquels je me fais du souci. Ils ont eux-mêmes à choisir de se greffer sur cette protection divine et à rester en éveil. Mais je peux aussi faire prier, intercéder pour eux. **Mieux vaut bénir que se faire du souci inutilement**! On raconte que lors de la guerre du Vietnam, des Américains ont été pris dans une embuscade. Tous ont été tués sauf un qui s'était caché comme les autres. Au même moment, à des milliers de kilomètres de là, sa mère récitait pour lui, avec foi, le Psaume 23...

63

Dieu protège ceux que j'aime

Devant souvent partir et quitter ma famille, mes enfants, pour animer des stages ou faire des conférences j'avais, surtout quand ils étaient petits, quelques inquiétudes pour eux. Alors j'ai prié ainsi : « Seigneur, tu protèges parfaitement ceux que j'aime pendant mon absence ». Je l'ai répété. J'ai eu confiance en la Providence. En trente ans, il n'est jamais rien arrivé dans mes déplacements. Quand il fallait faire face à des situations difficiles : incidents, accidents, congères, problèmes de santé, etc., j'étais toujours là… Tout ceci n'est pas magique. L'efficacité de la Protection divine dépend de facteurs qui nous échappent en partie et cela n'empêche pas bien sûr de prendre toutes les précautions nécessaires et d'être particulièrement vigilants. Mais, toutes choses égales par ailleurs, **la foi d'une personne peut réellement contribuer à diminuer les risques encourus par elle et ses proches.** Je ne pourrai empêcher certaines difficultés dans la vie de mes enfants, de mes frères et sœurs, mais j'aurai une totale confiance en ce qui arrivera et ce que cela produira. « Seigneur tu les protèges partout, à tout moment, en toutes circonstances… et tu les aides à franchir les obstacles, à mieux vivre les difficultés et à rebondir ». **J'étends ma foi à ceux que j'aime** pour un jour pouvoir l'étendre à tous.

64

Je m'exprime davantage

Je suis invité(e) à oser dire, à parler. Je ne peux rester ainsi enfermé(e). Je ne sais pas quoi dire parce que je ne m'entraîne pas assez à le faire. Même s'il est vrai que chacun a des dons différents et que parler est plus simple pour certains que pour d'autres, c'est malgré tout aussi une affaire d'entraînement. Peut-être parlait-on peu dans ma famille d'origine ou même n'avions-nous pas « droit à la parole ». Mes parents ou l'un d'entre eux avaient l'habitude de se taire ou se faisait rabrouer... Peut-être ai-je reçu des paroles poison qui m'ont fait mal. Mais aujourd'hui **je ne peux en rester là. Je réapprends à aller vers les autres et à leur parler.** Si je ne vois pas quoi dire, au moins puis-je m'intéresser à eux, à leur vie, à leur travail, leur poser des questions, non par curiosité mais pour apprendre à les aborder. Si je sais écouter, **j'ai maintenant aussi à savoir prendre l'initiative. J'ai plus le don de la parole que je ne le crois.** Beaucoup de personnes peu confiantes, muettes ou qui bégaient, avaient au départ un don pour parler qui a été réprimé. J'en prends conscience. Je vais d'abord vers ceux que je peux aborder plus facilement. J'apprends aussi à parler « de la pluie et du beau temps » pour entrer en relation...

65

Je cherche la réponse juste, à bien me positionner

J'**ai à prendre position**, non pour polémiquer ou pour avoir raison, mais **pour être fidèle à moi-même**. « Voilà ce que je pense... ». Je ne cherche pas à convaincre à tout prix. Je ne veux pas non plus qu'on essaie de me persuader par la force : « Tu t'es exprimé... Je l'ai fait aussi... Réfléchissons-y chacun de notre côté... ». Une position est d'autant plus juste qu'elle cherche à faire la part des choses, qu'elle n'est pas rigide ou extrême, qu'elle sait aussi être mesurée. Ce sont souvent ceux qui ont le moins de choses à défendre qu'on devrait davantage écouter. Ils sont « la voix de la raison », la voix des hommes et des femmes de bonne volonté. **J'apprends donc à rétorquer, à répondre**. Même si j'ai peur devant quelqu'un qui m'impressionne, qui est du genre dominateur, je m'exerce cent, deux cents, cinq cents fois jusqu'à ce que **je trouve la bonne parade**, la réaction la plus appropriée, celle qui me donnera la paix car je serai en accord avec moi-même. Si je ne suis pas content de ma réaction d'aujourd'hui, j'y réfléchis et **je prépare pour la prochaine fois mes réponses**. « C'est votre avis, ce n'est pas le mien… » ; « Maman, ici c'est chez moi, ce sont mes enfants… » ; « Je vous comprends mais je pense que… ». **À moi de trouver les phrases contre-poison, contre-feu** que je peux dire lorsque quelqu'un m'attaque ou me harcèle.

66

La joie de savoir dire non

Me suis-je réconcilié avec le droit et même le devoir de savoir dire « non » clairement, sans agressivité ni culpabilité, mais simplement non : parce que je ne suis pas d'accord, parce que ce n'est pas le moment, parce que quelqu'un abuse, me harcèle ou me manipule. Un enfant apprend vite à dire non, c'est vital pour lui. Si ce non est accueilli avec discernement, si les parents y réagissent bien en donnant leur accord quand ce non leur semble légitime et en le refusant clairement dans le cas contraire, tout en donnant une explication courte, l'enfant se construira dans l'équilibre : « Je peux accepter. Je peux refuser. Et toi aussi... ». Si par contre, enfant, je n'ai pu dire que oui et me nier, me renier, j'ai aujourd'hui à apprendre la joie de savoir dire non aux autres. Mes premiers « non » ne seront peut-être pas assurés, sans doute sortiront-ils mal, mais **je persévérerai jusqu'à ce que le non soit pour moi aussi facile que le oui.** **Envers qui ne sais-je pas dire non** ? Quel pouvoir cette personne a-t-elle sur moi ? Sais-je aussi me dire des non positifs, me mettre des limites, arrêter certains comportements répétitifs, destructeurs ?

Je découvre la joie du non.

67

Je trouve des solutions et j'agis

Une des clés de ma pacification intérieure est de chercher chaque fois des solutions au lieu de m'engluer dans des problèmes. **À tout problème, plusieurs solutions.** Être adulte, c'est en être certain et utiliser son ingéniosité pour ouvrir son champ de vision et **trouver de nouvelles alternatives**. Certains d'entre nous ont été bien plus formés à poser des problèmes qu'à en sortir, à chercher des coupables (les autres, Dieu ou moi) plutôt que d'avancer en mettant en pratique de nouvelles solutions. Ai-je le désir de développer ma perspicacité, d'utiliser le potentiel que Dieu a mis en moi, d'utiliser son GPS ? « *Rien n'est impossible à Dieu* » (Lc 1, 37 ; Mt 19, 26). Et moi, ai-je vraiment le désir d'envisager diverses possibilités, de les tester et de choisir celle qui convient le mieux dans la situation actuelle ? « *Tout est possible à celui qui croit* » (Mc 9, 23). **Je veux devenir petit à petit un décideur,** quelqu'un de plus efficace dans la vie de tous les jours, quelqu'un qui reçoit de **Dieu** l'inspiration. En Lui, pas d'impasse. Il **ouvre sans cesse de nouveaux chemins**. Alors je décide d'agir en Lui, avec Lui, par Lui. **La contemplation m'amène à l'action**.

68

Je décide clairement

Savoir que l'on décidera, tranchera, quitte à rectifier ensuite la décision, rend beaucoup plus confiant et paisible. On n'est plus victime, on ne subit plus, on décide, **on prend les mesures nécessaires** et on avance. Cela signifie qu'on accepte ses erreurs, que l'on n'est plus dans le « tout ou rien ». Aucune décision n'est parfaite mais l'Esprit Saint nous inspirera. Il y a toujours du pour et du contre. **Chaque décision est multicritères. Si je choisis ceci, voici les avantages et les**

inconvénients. Si je choisis l'autre option, quel est le plus, quel est le moins? Et **je choisis! Je prends mes responsabilités**. Je ne tergiverse plus. Je ne veux plus être dans le flou et la fuite. Plus de procrastination (remettre toujours à plus tard au risque de ne jamais faire). **Être adulte, c'est savoir décider.** Une décision ne compromet pas l'avenir, n'est pas forcément un engagement définitif. Que dire d'une voiture qui se bloquerait à une intersection et ne bougerait plus? (Je prends à gauche ou à droite? À droite ou à gauche?...). Que dire d'un joueur (dames, échecs, bridge, etc.) qui n'avancerait aucun pion, qui ne mettrait aucune carte sur la table? J'accepte donc l'éventualité d'un échec dont je décide que je tirerai toutes les leçons.

69

Je développe mon potentiel créatif

Je ne puis me contenter d'affirmer : « Je ne suis pas créatif ». Faux! Comme toute chose, **la créativité est un potentiel qui se travaille.** Comment? En veillant à ne plus critiquer constamment toute idée, qu'elle vienne de moi ou des autres, en ne dévalorisant plus mes capacités imaginatives et en apprenant à bien m'en servir. C'est cette capacité qui m'inspirera des solutions nouvelles, non habituelles, qui me fera sortir des cadres trop rigides, qui me permettra de

m'adapter aux changements. Alors je ne serai plus sous tension, dans la crainte des autres et de l'avenir, car je saurai que **cette capacité inventive me permettra de contourner les obstacles ou de m'en servir comme un tremplin**. Quand en voiture on se trouve devant un feu tricolore, il est soit vert (on y va, les idées fusent), soit orange (on ralentit, on réfléchit), soit rouge (on s'arrête). Mais ces feux ne s'allument jamais tous en même temps, sinon ce serait la confusion. Alors j'apprends à sortir des « oui mais... », « peut-être », « je verrai », sans suite pour trouver des solutions. Je vais d'abord laisser les idées venir (feu vert) et c'est seulement lorsqu'elles auront pu s'exprimer que je ferai le tri (feu orange) et déciderai (feu rouge).

70

Je prends les choses avec humour

L'**humour est une façon de prendre de la distance, de voir les choses autrement dans leur relativité**. Il ne s'agit pas ici d'un humour caustique, railleur, mordant, mais d'une façon d'alléger ce qui peut paraître lourd et **de voir la situation d'une façon cocasse, décalée**. Là encore je ne peux me contenter de dire : « Je n'ai pas d'humour ». Faux! **À moi de trouver ma forme d'humour!** Une des façons est de considérer les humoristes qui m'amusent le plus et d'observer en société ceux qui manient l'humour d'une façon qui me convient. **L'humour, ça se travaille !** C'est un entraînement. Jésus s'est amusé, a été attendri, avait un magnifique sourire, savait rire. Sans doute avais-je ce potentiel, enfant. Comme je le fais pour ma créativité, je peux me demander quelles réflexions, quels essais maladroits de ma part que l'on a critiqués m'ont découragé. Aujourd'hui je décide de retrouver petit à petit ma façon d'être de bonne humeur et de vivre davantage mon type d'humour. Je peux aussi réapprendre à rire en écoutant la radio, en allant sur internet, en regardant certains spectacles. Savoir s'amuser, avoir de l'humour, **un humour simple et sain**, change la vie !

71

Je réalise certains de mes désirs

Pour ne pas être frustré, envier d'autres personnes qui auraient « elles, de la chance ! », **j'ai à réaliser certains désirs, petits ou essentiels qui restent importants pour moi**. Ceux que je peux vraiment abandonner parce qu'ils sont impossibles (par exemple voler comme un oiseau sans support), parce que je sais que je n'y arriverai pas, que je n'en ai pas le courage ou qu'il est vraiment trop tard, que j'y renonce ! Mais je ne peux vivre en ne réalisant aucun de mes désirs, sauf si ma vie intérieure est tellement intense que pour moi, mais joyeusement, rien n'a vraiment plus d'importance. Comme je n'en suis sans doute pas là, humblement je reconnais que j'ai à retrouver certains désirs car je sais que dans le cas contraire j'ai tendance à n'avoir plus goût à rien, donc à la vie, et que cela me rend pessimiste, dépressif (ve), voire suicidaire. **Alors de quoi ai-je besoin aujourd'hui pour être plus heureux (se) ?** De temps pour moi, de me mettre à la musique, de m'occuper d'enfants, de me rendre utile, d'avoir une activité qui me tienne à cœur, des moments privilégiés avec des personnes que j'aime, de partir en promenade ou en vacances… J'ai conscience que tout cela est important pour mon équilibre. Aussi je choisis de satisfaire certains petits désirs chaque jour (dont lire, manger, me doucher ou me baigner…) et, à plus long terme, certains désirs essentiels.

72

Je renonce aux désirs que je n'ai pu réaliser

Si **je suis suffisamment comblé**, si j'ai pu mettre des petites fleurs dans ma journée et dans ma vie pour être satisfait, content, m'émerveiller, alors **je pourrai renoncer à beaucoup d'autres désirs**. Oui, j'ai peu voyagé extérieurement, mais beaucoup intérieurement, et j'ai vu des films, feuilleté des revues aux magnifiques photos. Oui, je n'ai pas vécu de vie de couple, je n'ai pas eu d'enfants, mais du coup j'ai eu plus de temps pour mon métier que j'aime, pour voir des amis, partir en vacances, prier. Oui, je n'ai pas été prêtre, pasteur ou religieuse, mais j'ai pu vivre ma foi, mes convictions dans ma vie familiale, sociale ou au travail. Oui, je n'ai pas vécu à la mer, à la montagne, comme je l'aurais souhaité, mais j'ai trouvé des parcs publics, des forêts, pour me ressourcer... Oui, je ne sais pas jouer d'un instrument de musique, mais j'ai pu chanter dans une chorale... Et de toute façon, lorsque je quitterai mon corps physique, n'y a-t-il pas beaucoup de désirs que je pourrai réaliser : amour, amitié, nature, musique, découvertes, etc. et dans mon corps spirituel, ne serai-je pas plus aérien, me déplaçant aussi légèrement qu'un oiseau, allant d'un endroit à l'autre, moi qui aurais tant aimé pouvoir le faire sur la terre ?

73

J'avance à petits pas

Alors j'ai compris : arrêter les phrases toxiques, parasites - prendre des décisions - mieux gérer mon temps - dédramatiser - avoir de l'humour - développer ma créativité - me baigner dans ma paix intérieure… Tout cela prend du temps, demande des exercices, de la persévérance, de **la détermination. Je me donne un objectif que je me rappelle chaque jour** et j'avance à petits pas en valorisant tous mes progrès et en tirant la leçon de mes erreurs ou « ratages ». **Un escalier se monte marche par marche,** une rééducation est très progressive, tout apprentissage passe par différentes phases et met deux, trois, quatre ans et bien plus. Alors je me réjouis de mes petites avancées, de mes petites réussites. Je vois ce que j'ai amélioré plutôt que mes habitudes anciennes qui « reviennent au galop ». **Je n'oublie jamais que ma vraie nature** n'**est** pas dans les habitudes ou les déformations que je me suis forgées, mais **dans tout ce potentiel que j'ai pour objectif d'épanouir et de développer. Ce sont mes ressources, mes dons, mes talents**. Je les accepte avec joie et je prends le temps qu'il faut pour les mettre à jour sans aucune complaisance avec les dévalorisations que j'utilise d'habitude.

74

Je m'appuie sur mes qualités

Combien de qualités est-ce que je me reconnais ? Combien de qualités se trouvent en moi ? Si je sors de la fausse croyance que révéler ces qualités est de l'orgueil ; si je comprends qu'ultimement elles viennent gratuitement de Dieu, directement et à travers mon hérédité ; si je sais gré à tous ceux qui m'ont aidé à les développer (parents, amis, instructeurs), alors je saurai répondre facilement à la question. **Je suis locataire, gestionnaire de ces qualités, et non pas**

propriétaire. Donc je décide de les découvrir (de retirer en moi tout ce qui les recouvre et les bloque). Je redécouvre ma sensibilité, ma douceur, ma tendresse, mon écoute, ma bienveillance, ma délicatesse, mais aussi ma fermeté, mon autorité, ma façon de parler et de m'exprimer, mon esprit de décision, mon habilité manuelle, mon sens de l'effort, mon type d'intelligence, ma culture sur tel ou tel sujet, mon endurance physique... **Je n'ai aucune de ces qualités à cent pour cent. Je ne les utilise pas vingt-quatre heures sur vingt-quatre**. Mais au lieu de les ignorer ou de les dénigrer, **je les accepte avec reconnaissance.** Plus j'en aurai conscience, plus j'aurai une saine confiance en moi et plus je pourrai améliorer mes défauts. Ainsi, je serai en paix, en accord avec moi-même.

75

Je travaille mes défauts

Sachant qu'il y a en moi plein de qualités, de ressources, rendant hommage pour cela à mon Créateur, **j'accepte de reconnaître mes défauts.** Ils sont souvent dans leur excès l'envers de mes qualités. La reconnaissance de ces dernières me motive à libérer celles-ci de la gangue de mes défauts. Dans les poupées russes, la petite poupée centrale, le cygne, le prince, l'enfant de Dieu que je suis, a besoin de venir au jour, de respirer et donc de lever l'obstacle de mes défauts, mes poupées intermédiaires, le vilain petit canard, le crapaud, l'enfant des hommes perverti et blessé. **C'est du centre de moi-même, là où est mon trésor, là où est la Paix de Dieu, que vient la transformation. J'aligne petit à petit toutes mes poupées russes sur la petite poupée centrale** (mon être intérieur) et je me sens de plus en plus unifié intérieurement. Cela prendra du temps, mais c'est l'objectif de ma vie. Dans cette perspective, je deviens de moins en moins susceptible. J'accepte la critique. Je fais le tri. Je relativise ce qu'on me dit, tout en en tenant compte. Je n'ai plus besoin de me justifier. Je suis heureux de certains éclairages qui m'aident à devenir plus moi-même, à m'améliorer et à avancer.

76

Je me souviens de mes réussites

J'ai souvent douté. J'ai eu le trac. J'ai cru avoir raté et finalement j'avais réussi (cette épreuve, cet examen). J'ai eu du mal, mais j'y suis arrivé. J'ai cru que je serais rejeté (e) et j'ai été accueilli(e). J'ai vécu un épisode difficile ou douloureux et je m'en suis sorti(e). Je ne me contente pas de me remémorer ou de ressasser mes « échecs ». **Je fais l'effort de me souvenir de mes réussites.** Si j'y suis arrivé autrefois, j'y arriverai de nouveau, et encore plus avec l'aide de Dieu. Si telle réalisation n'est objectivement pas ou plus possible, j'irai vers d'autres réussites. D'ailleurs dans le passé, certains événements que je qualifiais de dramatiques, d'échecs cuisants, se sont finalement révélés être des réussites en ce qu'ils ont permis en moi de prises de conscience, de décisions et transformations. Alors **je me remémore** positivement mon passé pour m'appuyer sur **cette source divine, cette protection angélique qui, comme elle l'a fait dans le passé, m'aidera une fois encore à repartir,** à tirer la leçon, à développer en moi une vraie acceptation. Je n'ai plus rien à craindre, je suis aidé « sur la terre comme au ciel » et j'avance, à petits pas, mais sûrement et avec confiance.

77

Je me fais un emploi du temps

Quelles que soient mes conditions de vie (travail, mère au foyer, retraite, chômage...), une des clés de la réussite et de la paix intérieure est de me faire un emploi du temps de la journée, de la semaine, des mois à venir... Ainsi **en me levant j'ai des objectifs pour la journée.** Parmi ces objectifs, il y a ce que j'ai à faire, mais aussi ce que j'ai envie de faire et qui me ressource, me fait du bien. **Une journée réussie est une journée où**

je me suis rempli (physiquement, relationnellement, affectivement, intellectuellement et spirituellement) **et où je me suis senti utile**. Et cela à tous les âges, en tenant compte de mes capacités physiques et intellectuelles. C'est une question de dosage et d'équilibre ! Dans cet emploi du temps, il y a des activités et des horaires : horaire de lever (et donc de coucher), horaire des repas, horaire de travail ou de service, horaire de prière, de repos, d'activités physiques, etc. À l'école nous avons connu un emploi du temps. S'occuper d'enfants oblige une mère de famille à en avoir, le travail également. Mais si nous ne sommes plus à l'école, si nos enfants sont grands, si nous n'avons pas assez d'activités extérieures programmées, alors **l'emploi du temps dépend de nous. C'est une décision fondamentale à prendre !**

78

Je ne m'embête (plus) jamais

Il dépend de moi et de moi seul de bien structurer mes journées. Que vais-je faire ? À quelle heure et pendant combien de temps ? Il ne s'agit pas de m'enfermer dans des créneaux horaires rigides, mais **d'accepter une bonne organisation où je vais alterner les tâches** pour ne pas être uniquement dans le faire, dans le travail ou dans la seule contemplation ou encore dans un « repos » trop prolongé qui se transforme en léthargie, voire en hibernation. Si j'ai trop utilisé ma tête, je passe au niveau physique dans une action concrète, puis je me pose mais je me donne des limites horaires. Cela est aussi vrai pour la fin de semaine ou les vacances : « À la mer je m'embête… En vacances je ne sais pas quoi faire… ». Alors que je réfléchisse : étant donné ce qui est, l'endroit où je me trouve, le moment de l'année (les jours sont plus ou moins longs), **comment vais-je rendre ma journée joyeuse et stimulante** ? J'y réfléchis. J'organise. Je structure le temps : « Vers telle heure, je… et jusqu'à peu près telle heure… puis je… ». Peut-être que je n'en suis pas persuadé(e). Une partie de moi résiste ? Alors que je l'expérimente !

79

J'établis des priorités

Pour ne pas être tiré « à hue et à dia », je comprends l'importance d'établir des priorités. **Je ne peux pas tout faire et ce n'est pas à moi d'accomplir certaines tâches car ce n'est pas le moment, ma fonction ou ma vocation**. Alors je réfléchis à mes priorités : qu'est-ce qui est vraiment urgent, important et correspond à ma mission ? Qu'est-ce que je fais par habitude, routine, perfectionnisme et que je pourrais ne pas accomplir? **Qu'est-ce qui pourrait être différé, délégué?** Où est-ce que je perds du temps ou permets à d'autres de m'en faire perdre? Quels sont mes « bouffe temps » ? **Qu'est-ce qui est le plus important pour moi d'accomplir aujourd'hui?** Je ne suis pas obligé de répondre au téléphone, d'ouvrir tous mes mails, de lire entièrement le journal, de me laisser arrêter dans les couloirs, d'écouter les longues rouspétances ou doléances de tel (le) ou tel(le). Une vie bien organisée est une vie plus pleine, plus riche et plus heureuse. **Je sais** donc choisir, différer, dire non, **arrêter ou partir quand c'est nécessaire. Je suis responsable de la gestion de mon temps**!

80

Je fais tout de suite ce que j'ai à faire

Pour avoir l'esprit tranquille, libre, **je ne laisse pas traîner les choses. Je traite les problèmes au fur et à mesure**. Je ne remets pas toujours au lendemain ce qui est urgent et que je pourrais faire tout de suite. Je choisis d'en être débarrassé. Je dis non à la procrastination. Je décide et je fais : cette course, ma déclaration d'impôts (même si au besoin je me fais aider), le règlement des factures, tel rangement, mais aussi ma vaisselle, nettoyer la table, mettre le linge en machine et le faire sécher… Je ne m'encombre pas. Je ne veux pas en faire trop, mais pour ma paix intérieure, **j'évite d'accumuler** (courrier, linge…). Je n'attends pas le dernier moment. **J'en fais un peu chaque jour. Je n'aurai ainsi plus à m'en soucier. Ce que je ne peux réaliser** parce que je n'en ai pas le temps aujourd'hui, n'en ai pas l'énergie, ou qu'une autre priorité imprévue a surgi, **je le reprogramme** pour demain ou la fin de la semaine. **L'avoir décidé et savoir que je tiendrai ma décision me mettra aussitôt dans la paix.** J'apprends donc à m'organiser, non pas de façon rigide, mais pour que chaque chose ait sa place (dont les temps de pause et de repos qui ont aussi à être programmés, sinon je ne les respecterai pas).

81

Je sais aussi différer

Autant je décide de ne pas m'encombrer la tête avec tout ce que j'ai à faire et que j'ai tendance à renvoyer à plus tard (ce qui implique d'agir aujourd'hui même dans bien des cas), autant **j'apprends aussi à savoir différer**. Différer parce que ce n'est pas urgent ou important, différer ma réponse à une sollicitation ou à une invitation au lieu de dire oui trop vite et de le regretter ensuite. Différer parce qu'aujourd'hui je n'en ai pas le courage ou la motivation ou que j'ai eu trop d'imprévus ou de tâches à réaliser. Différer parce que ce n'est pas à moi de le faire, que ce n'est pas ma fonction, que d'autres le feront mieux que moi… Mais différer ne veut pas dire entrer dans la passivité. C'est juste me sentir libre d'**organiser au mieux mes journées, ne pas me laisser envahir, happer, tirailler**. Il y a un temps pour tout. Est-ce le moment de répondre à cet appel téléphonique ? Je peux ne pas décrocher ou dire : « Rappelle-moi plus tard » ou : « Je te rappelle », ou à une invitation : « J'y réfléchis et je te donnerai ma réponse… » Ce mail, cette lettre réclament-ils vraiment une réponse et une réponse urgente ? À moi de le discerner.

82

Je ne me laisse pas distraire

Je suis en train de travailler ou d'effectuer une tâche, très vite une partie de moi trouve le temps long, veut faire autre chose. **J'apprends à résister à la tentation, à l'éparpillement, à la fuite de ce que je suis en train d'accomplir** (qui peut d'ailleurs aussi être un temps de prière, de méditation, d'adoration ou de repos). **Je me reconcentre**. Je décide de me « pauser » un peu plus tard, de me donner à telle heure un moment de récréation (re-création), et je continue d'accomplir mon travail. Je boirai, grignoterai, téléphonerai plus tard… Faire face de nombreuses fois à la tentation de distraction inutile m'apprendra à rester sur ce que je suis en train d'accomplir, me renforcera, me donnera et plus d'efficacité et plus de paix. Cela s'applique aussi aux sollicitations extérieures : portable, entrée inopinée… **Je reste concentré.** Ce n'est pas un manque de charité que de dire : « Je te verrai plus tard, peux-tu repasser » ou « Je te rappelle dès que j'ai fini… ». Il vaut bien mieux que je m'en donne le droit plutôt que d'exploser parce qu'on me dérange, d'en vouloir au « perturbateur (à la perturbatrice) » ou de me sentir contraint d'abandonner ce qui était important pour moi et me reprocher ensuite de ne pas avoir persévéré, de m'être laissé déconcentrer…

83

Je demeure et persévère

On est souvent tenté de vouloir autre chose et ailleurs, au lieu de **poursuivre jusqu'au bout ce qu'on entreprend ou ce sur quoi on s'est engagé. Pourtant, la fécondité et la paix viennent de l'accomplissement d'une tâche, d'un projet, avec patience, persévérance et détermination.** Je creuse un sillon et je l'approfondis : ce sera la réussite de ma vie. J'écris en grosses lettres DEMEURER et encore

PERSÉVÉRER et je me le rappelle chaque jour. Si un changement doit avoir lieu, j'y suis prêt. Mais je ferai les choses dans l'ordre, en leur temps, et tout en restant ancré dans ma profondeur. Je ne m'éparpillerai pas. Je ne me bousculerai pas. Simplement, j'accomplirai ce changement avec Dieu et en toute confiance. Je me souviens de toutes les fois où je suis sorti du chemin, ou j'ai erré. Je n'en veux plus ! **J'avance sans me décourager.** J'accomplis de mieux en mieux ce que j'ai à faire et je me réjouis d'avoir tenu. **Dieu me dit merci** : « Je sais que ce n'était pas facile. Tu as douté, tu t'es dit "à quoi bon" mais tu as continué. Bravo, *"bon et fidèle serviteur, entre dans la joie de ton maître"* (Mt 25, 21). »

84

Je fais des bilans positifs

Je fais le point régulièrement. Je le fais tous les jours, quelques minutes. 1) **Que s'est-il bien passé aujourd'hui ?** Qu'est-ce que j'ai objectivement réalisé (même si cela me paraît anodin) ? Que je ne puisse plus dire : « Je n'ai rien faitde ma journée ».

Quelles ont été mes petites réussites, mes avancées ?

Je m'en réjouis simplement. Cela m'aide à prendre davantage confiance en moi et à avoir une meilleure estime de moi-même.

2) **Puis je regarde ce qui selon moi s'est mal passé.** Quels ont été mes « ratages » ? Pourquoi ai-je réagi de la sorte ? Avec le recul, qu'y avait-il en filigrane ? (Des fantômes de mon passé, de vieilles blessures mal cicatrisées...). Qu'ai-je ressenti et dit (ou qu'ai-je tu) ?

3) **Enfin je prends des décisions**. Que ferai-je la prochaine fois en pareille circonstance ? Quelle leçon est-ce que j'en tire ?

De quoi ai-je besoin pour mieux réagir ?

Une fois ce bilan réalisé, je n'y pense plus, je me décontracte pour pouvoir ensuite m'endormir en paix. J'ai fait le point dans une approche plus/moins/plus[4] (ce qui a marché – ce qui n'a pas été selon moi – ce que je ferai dans l'avenir). « *À chaque jour suffit sa peine.* » (Mt 6, 34)

---

4. *Rebondir après l'échec*, Saint Augustin, 2006 ; *La vie combat ou cadeau*, EDB, 2008.

85

Je suis heureux de ce que j'accomplis

Un des secrets du mieux-être et de la paix intérieure est de se réjouir de tout ce qu'on accomplit sans exception, de **donner du sens à chaque tâche. Avoir pour objectif l'accomplissement de soi-même profondément mais aussi à travers toute action**. Faire une course pour rendre service, conduire un enfant, couper l'herbe, faire la vaisselle, envoyer du courrier, ranger son bureau, mais aussi pour une personne âgée ou en retraite : mettre la table, échanger, aider aux tâches domestiques, rendre visite, s'occuper de…, donner du temps à… Il n'y a pas de petite tâche. Tout dépend de la façon dont on l'accomplit, pour qui et pour quoi : pour le Royaume, pour aider, faire du bien… À qui ce que je sais faire, ce que j'ai appris, peut être utile aujourd'hui ? Comme le dit la chanson : « Et maintenant que vais-je faire de tout ce temps que sera ma vie ? … ». Cela dépend de moi. Si je fais la vaisselle, je peux en même temps louer Dieu, prier, écouter de la musique ou un enseignement. Je peux aussi la faire en communion intérieure avec tous ceux, toutes celles qui nettoient de par le monde ; tous ceux, toutes celles qui ne peuvent l'effectuer à cause de leur handicap, la guerre, la prison. **Je peux offrir cette activité pour qu'elle se transforme en bénédictions** (cf. n° 92). Je peux encore en faire un nettoyage intérieur pour moi et ceux que je porte dans mon cœur…

86

Je vais à mon rythme

Chacun a un rythme différent et toute la difficulté de la vie sociale ou communautaire est de se confronter à ces différences de rythmes (liées entre autres à la personnalité et à l'âge de chacun) et de s'y adapter. Certains ont un rythme lent, mangent lentement, se sentent bousculés dès que le rythme s'accélère. Et il est vrai que si les vibrations spirituelles sont très rapides, **le rythme intérieur et profond est beaucoup plus lent**. Or la société, surtout en ville et dans le monde du travail, invite à la performance, l'immédiateté (journalistes, internet) et à être actif et dynamique. Certains d'entre nous, s'ils veulent suivre, doivent donc apprendre à utiliser un peu plus l'accélérateur et le changement de vitesse. Sinon, ils se sentiront « largués ». Continuer un rythme lent suppose des sacrifices financiers, arrêter tel ou tel métier, entrer dans telle ou telle structure adaptée. Encore faut-il pouvoir subvenir à ses besoins sans devenir une charge pour la société... D'autres ont un rythme rapide et même à la limite, ne se sentent bien que quand tout va vite. Ceux-là ont à apprendre à freiner et à tenir plus compte des autres, à moins les bousculer, sans doute aussi à s'approfondir. **Le temps intérieur, profond, est un temps en dehors du temps... Il faut bien discerner : quand ai-je à résister et à aller à mon rythme, et quand ai-je à accélérer ou freiner?**

87

Je me donne des permissions

Trouver son rythme, faire des pauses, programmer des récréations et des vacances ; se donner le droit à l'erreur ; renoncer à être « parfait », accepter ses imperfections sans en « faire tout un plat » ; accepter parfois de faire de la peine à qui exagère ; avancer pas à pas ; pour être en paix, accepter aussi de ne pas l'être… Voilà qui change la vie ! Mais surtout **accepter d'être soi-même, différent, original, spécifique** ; accepter d'être de son sexe et s'en réjouir ; accepter son type d'intelligence, de mémoire, de sensibilité, de créativité ; accepter d'être proche des autres sans les « coller » ou se laisser envahir ; savoir dire non aussi bien que oui ; savoir raccrocher le téléphone ; remettre certains engagements quand il y a de bonnes raisons de le faire ; ne pas manger comme tout le monde, etc. Voilà autant de permissions qui amènent à plus de sérénité. J'existe. **J'ai le droit et le devoir de trouver ma place.** Je peux rendre service, mais non être « dans l'ombre » de quelqu'un qui m'obligerait ou s'imposerait. **J'ai le droit de faire de la peine** à qui se « mêle de mes affaires » ou de ce qui « ne le regarde pas », qui harcèle, envahit, fait de l'intrusion. **J'ai le droit et le devoir de respecter les autres, mais aussi de me faire respecter** car je suis important(e) pour Dieu. Je choisis la vie, une vie saine et équilibrée !

88

Je prends ma place dans le puzzle de l'humanité

L**a réalité c'est que nous avons besoin les uns des autres et que nous sommes complémentaires**. Nous voyons trop souvent ce qui nous oppose ou nous différencie négativement et nous nous en plaignons. Et pourtant nous sommes sans cesse redevables à tous ceux qui nous ont précédés, qui travaillent, qui prient et dont nous profitons à chaque instant. Tout ce qui nous entoure (habitation, routes, eau et électricité, meubles, vêtements, alimentation, services, informations, moyens de transport ou de communication…) et ce que nous vivons (dont être dans un pays en paix) est le fruit du travail d'autrui, voire du don de sa vie. En ai-je suffisamment conscience ? Ai-je vraiment de la gratitude pour ceux qui contribuent aujourd'hui, ont contribué à mon bien-être, mon confort, ma sécurité, ma liberté, ma vie quotidienne ou spirituelle ? Alors je prends ma place dans le puzzle de l'humanité. **Que sais-je faire ?** Où sont mes compétences, mes valeurs ? **Qu'ai-je appris dont je peux faire profiter autrui ?** Je comprends la nécessité - au lieu de me nier - de **bien prendre ma place, rien que ma place, mais toute ma place**. Si je ne le fais pas par paresse, par fausse humilité, par découragement, ou au contraire par une trop grande ambition qui m'amène à ne jamais me sentir à la hauteur, il y aura un trou dans le puzzle. Je le réalise profondément et en ai une vraie repentance. Dieu me donnera du cœur à l'ouvrage. Je me lance !

89

Dans l'autre, je vois un ami

Au lieu de me voir des ennemis partout qui m'épient, parlent de moi, font mal leur travail, ont de fausses conceptions (ce qui peut être vrai en partie, mais en partie seulement), **je prends conscience de tout ce que je dois aux autres**. Alors même que tel artisan, tel responsable, tel collègue a mauvais caractère ou remet au dernier moment ses rendez-vous, je reconnais par ailleurs sa valeur, son utilité ; il a quelque chose à m'apporter, à m'apprendre, il est

mon ami. **Si nous savions combien nous avons d'amis !** Cet automobiliste, ce camionneur qui conduit dangereusement et dont la tenue de route me fait peur, en même temps est mon ami, a en lui un trésor, est aimé de Dieu, a une fonction dans la société. Est-ce ainsi que je considère les autres automobilistes, les « gens » aux heures de pointe, ceux qui comme moi s'énervent dans une file d'attente, ceux qui me bousculent, etc. ? Ils sont loin d'être parfaits, je ne le suis pas non plus. **Je ne les réduis pas à leurs erreurs**. Dieu me dit : « Mon ami, approche-toi de Moi qui viens vers toi. » Et pourtant, je suis loin d'être sans défaut… !
Je découvre une nouvelle vision de l'amitié.

90

Je me réjouis de servir

Quelle paix si je rentre dans la joie du service. Il arrive qu'en remerciant quelqu'un, celui-ci déclare, « À votre service… ». On parle aussi du service des impôts, comme on parlait du service militaire ou d'un service civil. **Quel est le service que je rends à la collectivité ?** Je suis servi au restaurant, dans une station-service, un magasin… « Madame, puis-je vous aider ? »… Je bénéficie de services religieux, des services après-vente, etc. **Je suis**

bénéficiaire tout au long de la journée de ceux et celles dont le métier est un service. Et d'ailleurs je considère comme des « serviteurs » au bon sens du terme ceux et celles qui réalisent au mieux leur tâche, avec le plus de conscience et le plus d'humanité. Cependant on entend aujourd'hui, par exemple des épouses et des mères, déclarer : « Je ne suis pas ta bonne… Je ne suis pas à votre service vingt-quatre heures sur vingt-quatre ». Et c'est vrai aussi ! On n'a pas à profiter des services d'autrui sans reconnaissance, respect, sans soi-même « mettre la main à la pâte ». Être servi ne veut pas dire abuser, oublier la personne à travers son métier ou sa fonction. Cette caissière, ce gendarme, ce juge, cet huissier… sont des personnes ! Mais **quelle joie d'apporter sa pierre dans un service qui fait du bien à autrui** !

91

Je suis content – J'ai de la chance

Je suis content(e). **Je vois et me souviens de tous les cadeaux de la vie**, de tous les moments de joie, d'émerveillement. **J'ai appris à toujours comparer à moins**. Cela aurait pu être plus difficile. Mon train a été bloqué quatre ou cinq heures par des incidents techniques, des intempéries ou des malversations. Évidemment, c'est embêtant. Cela a pu m'énerver. Mais il n'y avait pas de mauvaise intention de la part de la régie des transports. Et puis au même moment, un ouragan arrachait de leur socle plusieurs maisons aux États-Unis. Et en Extrême-Orient, un tsunami faisait perdre leurs moyens de subsistance sinon leur vie à beaucoup. Alors je me calme. Je pense à eux. Je prie pour eux et leurs familles. Pour moi, ce n'est pas si grave. Je relativise. Je n'en fais pas « tout un foin ». Il en est de même pour ce long bouchon automobile. Finalement je suis arrivé « à bon port » sans accident. Je me souviens toujours qu'il y a pire et je me remémore d'autres bons moments de ma vie. **J'offre cette difficulté** pour les autres, pour le monde. Alors je retrouve la paix et je suis content d'avoir finalement réagi de la sorte. Si au contraire j'ai du mal à accepter ce qui vient d'arriver, **j'offre ma non-acceptation momentanée pour que la paix m'envahisse à nouveau et je m'en contente.**

92

J'offre tout sans exception

Nous avons du mal à comprendre la notion d'offrande tellement elle nous a été mal expliquée. Pourtant **elle peut donner du sens à tout ce que nous vivons sans exception. Tout peut devenir fécond** : mes « réussites » comme mes « échecs », mes qualités offertes comme mes défauts acceptés dans la reconnaissance et l'humilité. Lorsque j'avais une conférence, une religieuse offrait pour moi sa journée, en particulier elle décidait de ne pas prendre de friandise ce jour-là. Or, une heure avant une conférence, elle « craque » et mange plusieurs morceaux de chocolat. Désespoir de sa part. Je lui ai alors proposé d'offrir à Dieu pour moi ce qu'elle venait de manger et aussi « l'humiliation » qu'elle avait ressentie. Sa congrégation était d'ailleurs rue du Maréchal Joffre ! Ainsi, je vais apprendre à mettre dans le cœur de Dieu, dans les bras du Christ, dans la cheminée divine, tout ce que j'entreprends : **mes bûches, mes embûches, là où je trébuche et quand je suis mal « embûché ». Grâce à Dieu, toute offrande se convertit en chaleur, en beauté, en lumière pour le monde.** Tout est utile. Tout, tout, tout, sans aucune exception. Rien n'est alors jamais perdu. Il ne s'agit pas de tout justifier mais de tout donner, de tout lâcher. **Dieu transforme tout dans l'or de sa sainteté : en bienfaits, bénédictions pour autrui.** De nos tuyaux tordus, il fait des tuyaux d'orgue !

93

Je me relie à mon cœur profond

La clé du bonheur ? Le secret de la paix intérieure ? **Revenir sans cesse à son cœur profond. Là se trouve une plénitude, la Source de tout amour**.

Il ne s'agit pas d'une affectivité débordante ou débridée jamais rassasiée, mais d'un état de Paix dans l'Amour. Alors si je sens une contrariété, si je doute, si je me fais trop de souci pour tel ou tel, pour mon avenir, je reviens consciemment en mon cœur profond et **j'y demeure dans la Paix de**

Dieu. Je m'y ressource. Je m'y libère. J'y trouve la confiance, la force, le repos et je repars, nourri, ragaillardi, regonflé.

Tout au long de la journée je me pose la question : que dit mon cœur profond? Je l'interroge, je m'y baigne. À cet endroit, tout est vécu et est envisagé dans une autre perspective. **Je suis au meilleur de moi-même.** Je suis en Dieu. Il n'est pas besoin de beaucoup de mots mais d'un simple ressourcement, d'un cœur à Cœur. Et **tout part de là**. Voici la vraie prière : un élan du cœur profond qui redynamise, qui redonne force et courage, qui fait tout voir dans une autre Lumière.

94

Je découvre l'Amour de Dieu et l'amour universel

« À tout moment, Je suis avec toi, en toi. J'ai pour toi un Amour débordant que rien ne peut ternir. **Tu peux toujours compter sur Moi.** Le mal ne vient pas de Moi. Je ne veux pas que tu souffres. Quand pourtant c'est le cas, Je suis là encore plus présent, plus près de ton cœur. Je suis totalement avec toi. Je t'aide à visualiser un avenir meilleur. Je te prends dans les bras et te console. Je te réconforte et t'aide à repartir. Je te montre comment tout cela peut se transformer en bien, peut t'approfondir. Je t'aide à pardonner et à te pardonner. Toute cassure, toute faille te rapproche de mon Amour qui peut te revitaliser, te ressourcer, te faire rebondir. **Tu n'es jamais seul. Je suis toujours là et te relie intérieurement** à tous ceux et celles qui cherchent à bien faire, à tous les artisans de paix. **Veux-tu devenir un petit frère, une petite sœur universelle (le) ? »**

95

Je me désencombre et je m'allège

Devenir plus léger(e). Ne plus avoir de poids, de fardeau à porter : « mes » soucis, ces responsabilités que je prends trop à cœur, « mon » passé, « mes » désirs non réalisés... Je veux être libre, léger comme un oiseau, tout en vivant bien les pieds sur terre. Je m'en mets moins sur le dos. Je relativise, je suis bien présent mais m'implique moins viscéralement. **J'apprends l'allégement au quotidien. Je me détache peu à peu** en vieillissant. **Je me désencombre au niveau mental** mais aussi, si c'est nécessaire, de « ma » maison, de « mon » appartement, de « mon » bureau... Je jette ou je donne pour faire place nette. Je sais me séparer s'il le faut de ces meubles, de cette maison de famille auxquels je tiens (je ne les emporterai pas au paradis). Tout cela me rend de plus en plus heureux. Je suis venu nu sur terre et je repars nu, mais heureux de l'être. Je n'ai pas besoin de grosses valises pour entrer dans le Royaume de Dieu : ni de mes reproches et culpabilités, ni de mes mérites. Cela ne passera pas la petite porte. Alors **j'avance, petit, léger et confiant vers la Lumière divine** et je retire petit à petit tous les obstacles pour m'y préparer. Plus de lourd sac à dos pour pouvoir monter en chantant !

96

J'apprends avec joie le détachement et l'abandon

L**ibération. Allégement. Détachement. Abandon.** Ai-je découvert tout ce que ces mots peuvent recouvrir de grand et de beau ? Il ne s'agit pas de perdre uniquement, de se vider seulement, mais bien de **s'alléger pour un plus grand Bonheur, se vider pour se remplir autrement, perdre pour mieux gagner**. J'abandonne certaines prétentions, certaines attentes terrestres. Je me détache de ceux que j'aime pour les aimer mieux, sans possessivité, sans demande excessive. Devenant ce que je suis vraiment, j'ai moins besoin des autres tout en me sentant plus **relié intérieurement** dans une complémentarité divine. **Seul mais solidaire, avec tous**, dans un amour universel. Seul, vidé de plus en plus de mon ego, de mes peurs, de mon agressivité, de mes rancunes, de ma cérébralité dominante, de mes affections excessives. **Seul mais comblé**. Quand on arrête de fumer ou de trop manger, après la difficile phase de sevrage, de déconditionnement, on respire mieux, on se sent plus libre, plus léger. Alors je me détache de tout ce à quoi j'attache trop d'importance, et qui me nuit ou nuit à autrui. J'abandonne mes vieilles habitudes. Je vis de plus en plus pleinement cette vie intérieure, cet Amour, cette Paix, cette Sérénité, qui me font entrer dans une autre dimension : **la Joie du ciel.**

97

Ma mort : une libération !

Je n'ai plus peur de la mort car j'ai compris que j'irai vers le Grand Amour, que **je serai aimé comme je ne l'ai jamais été sur terre**, comme je l'ai toujours désiré, que je pourrai aimer à l'infini, retrouver tous ceux que j'aime[5], mes enfants morts en bas âge ainsi que ceux qui m'ont aidé spirituellement au cours de ma vie sur terre et que je reconnaîtrai. Je n'ai plus peur de la mort car

5. *Je me sens en décalage et je réussis ma vie*, op. cit. ch. 3 et 4.

je sais que **je serai libéré de mes handicaps physiques**, que progressivement je me libérerai de toute tension, obsession, fixation ; que **je m'élancerai vers des espaces infinis** ; que j'irai de découverte en découverte, que je comprendrai ce que je n'avais pas compris ; que je ne m'ennuierai jamais ; que je serai libre et pleinement moi-même ; que je développerai des dons restés potentiels sur terre ; que **je connaîtrai la plénitude et l'émerveillement** ; que j'irai de mission en mission, heureux d'agir pour le bien de tous… Plus que la Vie, la vraie Vie, plus d'obstacles physiques, une qualité de rencontre à laquelle j'ai toujours aspiré. Bien sûr j'aurai à m'alléger pour le vivre de plus en plus intensément. Mais cela ne me fait pas peur et j'y aspire de tout mon cœur.

98

Je vis déjà dans l'éternité

Cet au-delà qui m'attend, cet océan de béatitude, cette rencontre absolue, mes dons épanouis... je sais tout cela parce que je le vis déjà, en échantillon, au fond de moi. J'ai réalisé que cette Paix absolue et Permanente qui m'habite en profondeur ainsi que cette Joie, cet Amour, sont en moi la Présence de Dieu. Et qu'avec Lui se trouvent tous ceux, toutes celles qui m'ont précédé, sont proches de Lui, vivent déjà dans le Royaume. **Je les vis à l'intérieur**

de moi. Je sens leur présence. L'enfant de Dieu que je suis en profondeur vit dès à présent, au moins en partie, dans le royaume céleste. Il sait que le ciel existe, que l'éternité n'a ni commencement ni fin, et que le meilleur de moi se situe dans un autre espace-temps. Mes yeux sont déjà ouverts sur cet espace infini. À cet endroit de moi, je n'ai pas peur, je vis déjà dans ma vraie demeure, ma vraie patrie ! « Ô mon Dieu… aidez-moi à… **m'établir en vous, immobile et paisible** comme si déjà mon âme était dans l'éternité. Que rien ne puisse troubler ma paix, ni me faire sortir de Vous, ô mon Immuable […] Pacifiez mon âme, faites-en votre ciel, votre demeure aimée et le lieu de votre repos… ». (Élisabeth de La Trinité)

99

Heureux les artisans de paix

« *Heureux les artisans de paix car ils seront appelés fils de Dieu.* » (Mt 5, 9) Ainsi, **me remplir de la Paix de Dieu**, de son Amour pour nous, de sa Bienveillance, puiser dans cet endroit profond en moi où tout est Harmonie **et agir en conséquence, fait de moi un fils de Dieu. La petite poupée russe centrale**, l'enfant de Lumière, l'enfant de Dieu **est « artisan de paix »**. C'est donc en me replongeant sans cesse dans mon cœur profond, dans mon intimité lumineuse et bienheureuse, que je deviendrai de plus en plus serviteur ou servante de la paix. **Convertir les poupées intermédiaires**, psychiques, fruits de mon hérédité, de mon enfance, de mes habitudes et conditionnements, **grâce à la petite poupée centrale, c'est là le vrai combat spirituel**. Plus j'arriverai à aplanir mes réactions disproportionnées, mes interprétations et projections, plus je trouverai la paix intérieure et la garderai. Alors je vais vivre chaque jour cette **transformation intérieure**, pour mon propre équilibre, mais aussi et surtout pour **mettre la paix autour de moi**.

100

La Paix de Dieu

La Paix de Dieu : « ***Je vous laisse la Paix, je vous donne ma Paix.*** » (Jn 14, 27) « ***La Paix soit avec vous.*** » (Jn 20, 19-21-26). ***Dieu est Paix.*** Il habite en nous, ne cesse de nous irriguer de sa Paix comme une Source profonde, qui vient imprégner toutes nos cellules. Mais nous nous y opposons trop souvent en regardant par le « petit bout de la lorgnette ». Or, c'est justement parce que la situation est difficile ou périlleuse, parce que nous avons tendance à nous décourager, parce que nous n'y arrivons pas, que nous allons d'abord nous remplir de la Paix divine pour voir et apprécier les choses autrement, pour n'avoir plus les yeux embués de nuages. Alors tout paraîtra plus simple, tout se remettra en ordre naturellement, même si c'est en tenant compte du temps. Nous voulons faire avec nos seules forces et nous ne nous rendons pas compte combien nous nous ligotons nous-mêmes. Nous ne pouvons nous passer de la Force de Dieu, de la Paix divine. Comme le fils prodigue, revenons sans cesse auprès du Père où nous trouvons non seulement la Paix mais aussi la vraie Liberté. Je cherche la Paix et je choisis d'y rester !

Que la Paix du Christ
règne en vos cœurs !

Col 3, 15

Table des matières

Ce livre vous a plu,

vous pouvez, sur notre site internet :

donner votre avis

vous inscrire pour recevoir notre lettre mensuelle d'information

consulter notre catalogue complet,

la présentation des auteurs,la revue de presse,

le programme des conférenceset événements à venir

ou encore feuilleter des extraits de livres :

www.editions-beatitudes.fr